英検®

音声 ダウンロード

赤シート

英検® は、公益財団法人
日本英語検定協会の登録商標です。

厳選
過去問 10日間完成

毎日ミニ模試

3級

トフルゼミナール講師 山田広之［監修］

テイエス企画

過去問を使った実戦的な演習をしたいけれど、同時に解き方のコツも整理しておきたい。本書は、そのような学習者に最適な1冊です。

試験対策として、ある程度の量の過去問にあたることは大切ですが、やみくもに問題を解き、答え合わせをすることの繰り返しだけでは合格への力はなかなかつきません。

本書では、まずは冒頭の「英検3級 早わかりガイド」で英検の概要を押さえ、次に過去問のエッセンスを抽出した例題で、全問題形式の解き方のコツを習得します。その上で、続く「ミニ模試」で、「早わかりガイド」で学んだ解き方に習熟していきます。「ミニ模試」は、1日の学習として適度な分量に各問題形式をバランス良く配分してありますので、1回分をこなすごとに一歩ずつ確実に合格に近づくことができます。

さらに、巻末には各DAYの読解問題で登場した頻出の英単語をまとめてありますので、問題をやりっぱなしにしないための効果的な復習ツールとして、また使い勝手の良い頻出英単語リストとして、試験本番までに繰り返し活用してください。

全10回の「ミニ模試」のうち、6回を筆記試験とリスニングに、3回を英作文に、1回を二次試験の対策に充てていますので、試験日までの期間に合わせ、優先的に取り組む回を選択していただくと良いでしょう。得意な分野をさらに得点源にするのも良いでしょうし、弱点を集中的に強化するのも良いと思います。

本書が、皆さんの目標達成の一助となることを願っています。

2021年3月　監修者 山田広之

本書の構成と取り組み方

本書は、毎日短時間・短期間の学習で英検 3 級に合格する力をつけるために、以下の 5 つのセクションから構成されています。各セクションの取り組み方を良く理解した上で学習を進めてください。

1 英検 3 級 早わかりガイド
2 ミニ模試（筆記試験・リスニングテスト）
3 ミニ模試（英作文）
4 ミニ模試（二次試験）
5 英検 3 級 でる単語リスト 200

1 英検 3 級 早わかりガイド

英検とはどんな試験なのか？ 試験の全体像をとらえ、例題への取り組みを通して各設問形式について解き方のコツをつかみます。

■ 試験の概要

まずは、科目構成や問題数、解答時間、スコアと合否の判定方法について把握しておきましょう。

■ 例題と解き方のコツ

筆記試験、リスニングテスト、英作文、二次試験について、過去問から典型的な問題を取り上げています。解き方のコツを習得してください。

2 ミニ模試（筆記試験・リスニングテスト） DAY 1, DAY 2, DAY 4, DAY 5, DAY 7, DAY 8

　「早わかりガイド」の例題でマスターした解き方に沿って、過去問演習で合格への実力を養成します。短時間でこなせるミニ模試方式ですので、試験日までの期間に合わせ、優先的に取り組む回を選択して自分に合った学習メニューを作ると良いでしょう。

■ 筆記試験・問題

> 筆記試験の演習です。「目標解答時間」を設定してありますので、時間を計って取り組みましょう。

■ リスニングテスト・問題

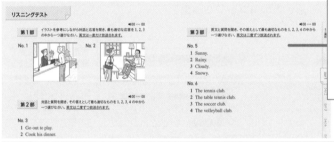

> リスニングテストの演習です。解き終わって解説を確認したのち、スクリプトを参照して繰り返し音声を聞き込んでください。

■ 解答・解説

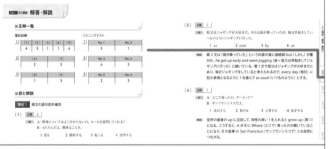

> まずは「正解一覧」で答え合わせをします。合格に必要とされる正解率6割をめざしましょう。次に解説を確認し、「早わかりガイド」で学んだ解き方のコツを反復して自分のものとしてください。

3 ミニ模試（英作文）DAY 3, DAY 6, DAY 9

　英作文の勉強は一人ではやりにくいと言われますが、まずは一人でやれることを
しっかりやりきることが大切です。「書く」という観点から文法と語法を学び直し、
使える表現を増やし、答案の「型」を身につけましょう。そのためのトレーニングと
なっています。

■ 英作文・問題

> 自分なりの解答を作ってみましょう。信頼できる英語の先生に添削指導が受けられる場合は、お願いすると良いでしょう。答案作成方法がわからない場合は、次のトレーニングに進んでも結構です。

■ 英作文上達トレーニング［トレーニング1］

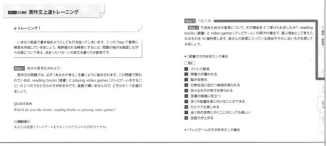

> 英作文問題は、
> ・意見を決める
> ↓
> ・理由を書き出す
> ↓
> ・解答をまとめる
> の流れで進めます。この3つのStepに従ってパターン通りの解答を作ることが高得点をとるヒケツです。

■ 英作文上達トレーニング［トレーニング2］

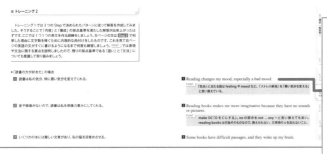

> 自分で解答を作ってみたら、日本語から英語の模範解答への変換が素早くできるようになるまで練習します。使われる表現と文法を意識しながら取り組んでください。

007

4 ミニ模試（二次試験）DAY 10

　二次試験は面接方式で、文章の音読の後に 5 つの質問に答えます。音読も質問に対する応答も、ネイティブによる模範的な解答例をよく聞いて真似することで、一人でも十分な練習が可能です。

■ 二次試験・問題

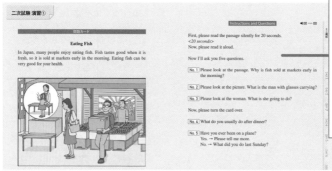

自分なりの解答を作ってみましょう。信頼できる英語の先生に面接指導が受けられる場合は、お願いすると良いでしょう。解答はスマートフォンのボイスメモ機能などを使って録音しておきましょう。

■ 解答例・音読練習／質疑応答の例

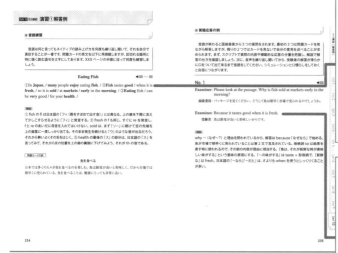

音読は英文の流れやリズムを意識しながら練習することが重要です。文の途中の区切りの位置と音の強弱を注意深く確認しながら、解答例の音声を繰り返し聞き、音読することが独習で上達するヒケツです。

質疑応答の例と解説を読んで、質問の内容と答え方を確認しましょう。次に音声を聞いて真似しながら受験者の解答例を音読しましょう。シミュレーションと口慣らしが本試験の準備になります。

　英語は、最後は単語力がものをいう、と言われます。単語集を使って一気に多くの単語を覚えることも有益ですが、日頃の学習の中で出会った単語を確実に覚えていくことが最も大切です。このコーナーでは、ミニ模試の読解問題に登場した頻出単語約200語を、各DAYの各問題、各パラグラフごとにまとめてありますので、総仕上げとして取り組んでください。

■ 英検3級 でる単語リスト200

　赤シートを使って意味が言えるようにするのが第一段階です。概ねできるようになったら、該当するDAYの問題文に戻り、英文を何度も読みこむことによって英語力を伸ばすことができます。「問題集は解きっぱなしにしない」ことが英語上達と合格への王道です。

〈出典〉本書は以下の英検3級過去問題を使用して制作されています。
　　　2018年第1回、第2回、第3回、2019年第1回

音声ダウンロードについて

　本書に掲載されている英文の音声が無料でダウンロードできますので、下記の手順にてご活用ください。

■ パソコンにダウンロードする

① パソコンからインターネットでダウンロード用サイトにアクセスする

　下記の URL を入力してサイトにアクセスしてください。

https://tofl.jp/books/2588

② 音声ファイルをダウンロードする

　サイトの説明に沿って音声ファイル（MP3 形式）をダウンロードしてください。

　　　　　※スマートフォンにダウンロードして再生することはできませんのでご注意ください。

■ 音声を再生する

① 音声ファイルをパソコンの再生用ソフトに取り込む

　ダウンロードした音声を iTunes などの再生用ソフトに取り込んでください。

② 音声を再生する

　パソコン上で音声を再生する場合は、iTunes などの再生ソフトをお使いください。iPhone などのスマートフォンや携帯用の音楽プレーヤーで再生する場合は、各機器をパソコンに接続し、音声ファイルを転送してください。

　　　　　※各機器の使用方法につきましては、各メーカーの説明書をご参照ください。

英検3級
早わかりガイド

英検って、どんな試験?

歴史ある試験

　英検とは、公益財団法人 日本英語検定協会によって実施されている「実用英語技能検定」の略称です。1963年から現在まで50年間以上も続く試験です。

細かなレベル分け

　1級から5級まで、準1級と準2級を含めて7つの級で実施されているので、自分にぴったりのレベルの試験を選んで受けることができます。

総合的な英語力の判定

　英検は英語のReading（読む）、Writing（書く）、Listening（聞く）、Speaking（話す）の4つの技能を総合的に評価します。このため、英検は質の高い語学力証明の資格として、国内外の教育機関や企業団体などで幅広く認められています。

試験のレベルと構成

　3級の英語力の目安は、中学卒業程度です。審査基準によると「身近な英語を理解し、また使用することができる」レベルが求められます。

　一次試験と二次試験の大きく2つに分けられます。一次試験は、さらに筆記試験とリスニングテストで構成されます。詳細は次の通りです。

■ 一次試験＞筆記試験

	形式	問題数	解答時間
大問1	短文の語句空所補充	15	
大問2	会話文の文空所補充	5	
大問3	長文の内容一致選択	10	50分
大問4	英作文	1	

■ 一次試験＞リスニングテスト

	形式	問題数	解答時間
第1部	会話の応答文選択	10	
第2部	会話の内容一致選択	10	約25分
第3部	文の内容一致選択	10	

■ 二次試験（個人面接）

形式	問題数	解答時間
パッセージの音読	1	
パッセージについての質問	1	約5分
イラストについての質問	2	
受験者自身の意見を問う質問	2	

英検 CSE スコアに基づく合否判定方法について

合否判定は「英検 CSE スコア」によって行われます。CSE とは Common Scale for English の略で、すべての級をまたいで英語力を判定する共通の尺度を意味します。CSE スコアは、素点をもとに統計的な手法を使って算出されます。そのため、回ごとに多少の難易度の違いが生じても、その影響を受けずに正確に英語力を測ることができるようになっています。

配点と合格基準スコア

CSE スコアは各技能の満点と、一次試験、二次試験の合格基準スコアが級ごとに設定されています。素点は技能別に満点が異なりますが、CSE では全技能均等にスコアが割り振られます。3級の素点と CSE スコアは以下の通りです。

試験形式	技能	満点（素点）	満点（CSE）	CSE 合格基準
一次試験（筆記1〜3）	Reading	30	550	
一次試験（筆記4）	Writing	16	550	1103
一次試験（リスニング）	Listening	30	550	
二次試験（面接）	Speaking	33	550	353

上記の CSE 合格基準をクリアするためには、各技能ともに素点で 6 割以上の得点を目指すのが理想です。苦手な技能がある場合でも 4 割は確保するようにしましょう。それ以下ですと、1 点落とすごとに CSE スコアが落ちる率が高くなるためです。逆に満点に近いと 1 点取るごとに CSE スコアの上昇率は高くなりますので、得意な技能があれば積極的に 9 割以上を目指しましょう。

CEFR とは Common European Framework of Reference for Languages の略で、語学のコミュニケーション能力のレベルを示す国際標準規格です。英検以外にも TOEFL (Test of English as a Foreign Language)、IELTS (International English Language Testing System)、TEAP (Test of English for Academic Purposes) などの英語検定試験がありますが、これらの試験を横断して英語力を示す指標として近年 CEFR が注目されています。英検 CSE スコアは、CEFR に合わせて 4 技能の上限をそれぞれ 1000 点に設定し、合計で 0 点から 4000 点のスコアに尺度化したものです。これにより、英検の受験者が CEFR の A1 からの C2 までの 6 つのレベルのどれに属すのか簡単に判定できるようになりました。英検とその他の英語検定試験と CEFR の対応関係は以下の通りです。

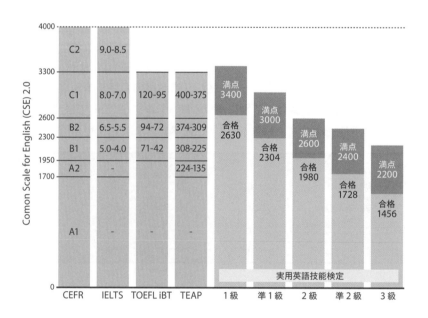

試験日程 各年度で3回実施され、それぞれ一次試験に合格した場合のみ二次試験が受けられます。二次試験で不合格になって再度受験する場合は、1年間一次試験が免除されます。

	一次試験	二次試験
第1回	6月	7月
第2回	10月	11月
第3回	1月	2月

※ 年度や受験会場などによって日程が変わりますので、詳細は公式サイトでご確認ください。

申し込み 個人での申し込みの場合、インターネット、コンビニエンスストア、特約書店からの申し込みが可能です（2021年度の3級の検定料は7,900円）。詳細は、日本英語検定協会のホームページに記載されています。

公式サイト 日本英語検定協会 **http://www.eiken.or.jp/**

問い合わせ先 英検サービスセンター **TEL：03-3266-8311**

平日 9:30 ～ 17:00

試験前日 9:30 ～ 17:30

試験当日 8:00 ～ 17:30

筆記試験 ❶
短文の語句空所補充

問題数 ▶ **15** 問

解答時間 ▶ **7**分**30**秒（1問30秒）

　短い英文や対話文を読んで、空所に入る適切な語句を選ぶ問題です。単語を補う問題が7問で、その後に熟語を選ぶ問題が5問続き、最後に文法に関する問題が3問出題されます。

Ⓐ 単語問題

例題 | **2018年度第1回**

After the new airport opened, more (　　　　) started to visit the island to enjoy the beautiful beaches and warm weather.

1 assistants　　**2** scientists　　**3** winners　　**4** tourists

POINT 文全体の意味から答えを導き出そう！

　空所の直後に動詞 started があるので空所には主語、つまり started の動作主が入るはずです。新しい空港が開港して started to visit the island to enjoy the beautiful beaches and warm weather（美しい浜辺と暖かい天候を楽しむためにその島を訪れ始めた）のがどんな人たちかを考えると、4 tourists（観光客）が適合します。問題文全体の意味内容を踏まえて選択肢を絞り込みましょう。

正解 4 | **訳** 新しい空港が開港した後で、より多くの観光旅行者が美しい浜辺と暖かい天候を楽しむためにその島を訪れ始めた。

　　　　1 助手　　**2** 科学者　　**3** 勝利者　　**4** 観光客

B　熟語問題

例題｜**2019 年度第 1 回**

Nancy wants to save money, so she will not go (　　　) to eat this week.

1 near　　**2** out　　**3** by　　**4** down

POINT　句動詞を積極的に覚えよう！

　動詞＋副詞や動詞＋前置詞で 1 つの動詞の働きをする語句のことを句動詞と言います。特に go、come、take、bring、have、do などの基本動詞と組み合わせたものがよく出題されます。文全体の意味を確認すると、前半が Nancy wants to save money（ナンシーはお金を貯めたがっている）で、後半が so（だから）で始まっています。お金を使わないようにするためにどうするかを考えて、2 out を選んで she will not go out to eat（食事のために外出はしないだろう）とすると意味が通ります。

正解　**2**　｜　**訳**　ナンシーはお金を貯めたがっているから、今週食事のために外出はしないだろう。

1　近くに　　2　外に　　3　そばに　　4　下に

　この本では次の 2 種類のクイズで短文の語句空所補充問題の強化をはかります。

▶ **基本動詞使い分けクイズ**
（→ 066、104、120、162、178）
他の単語との相性を考えながら、適切な基本動詞を選んで英文を完成させます。

▶ **前置詞使い分けクイズ**
（→ 198、234、248）
他の単語との相性を考えながら、適切な前置詞を選んで英文を完成させます。

C 文法問題

例題 | **2018 年度第 3 回**

Jack finished (　　　) his room and then went to his friend's house.

1 clean　　**2** cleaned　　**3** cleaning　　**4** cleans

> **POINT**　基本的な文法規則を押さえよう!
>
> 　文法知識そのものが問われる問題があります。どういう知識が問われているのかをすばやく発見して対応しましょう。動詞の後に動作を目的語(〜を)としてつなげる時は to 不定詞(to do)か動名詞(〜 ing)にして「〜することを」としなければなりません。finish(〜を終える)の後は動名詞にすることがルールですから、3 cleaning が正解になります。他に動名詞を目的語にとる動詞として stop(やめる)、give up(やめる)、avoid(避ける)、mind(いやがる)などがあります。

正解　3　｜　訳　ジャックは部屋の掃除を終えて、それから友達の家に行った。

　　　　　　　1 clean　　**2** cleaned　　**3** cleaning　　**4** cleans

筆記試験 2
会話文の文空所補充

問題数 ▶ 5 問

解答時間 ▶ 5 分（1 問 1 分）

　短い会話文を読んで、空所に入れるのに適切な文や語句を選ぶ問題です。会話文は 1 往復か 1 往復半の長さで、途中に空所が現れるのが標準的な形で、空所に入るのは 3 語から 5 語の短い文が中心です。

例題 | **2019 年度第 1 回**

Daughter : Can you take me to the park, Mom?
　Mother : (　　　　) Let's watch a movie instead.

（1）　**1**　I don't know that actor.　　**2**　Come back before dinner.
　　　3　I've seen it before.　　　　　**4**　It's too cold to play outside.

POINT　空所の前後の内容を確認しよう！

　空所の内容は会話全体の流れを踏まえて推測しましょう。Can you take me to the park（公園に連れて行ってよ）という娘に対して、母親が Let's watch a movie instead（代わりに映画を見ましょう）と言っています。よって、空所には公園に行くことを否定する内容が入れば良いと考えられます。4 It's too cold to play outside（外で遊ぶには寒すぎる）が正解です。

（1）　**正解**　4

　訳　娘：ねえお母さん、公園に連れて行ってよ。
　　　　母：外で遊ぶには寒すぎるわね。代わりに映画を見ましょう。

　　　　1　あの俳優さん知らない。　　　**2**　夕食前に戻りなさい。
　　　　3　それを前に見たことがある。　**4**　外で遊ぶには寒すぎるわ。

筆記試験 3
長文の内容一致選択

> 問題数 ▶ 長文 **3** 題 計 **10** 問
>
> 解答時間 ▶ **20** 分 (1 問 2 分)

英文を読んで、その内容についての質問に答える問題です。掲示文とE メールでのやりとりに続いて、4 パラグラフからなる 250 語程度の長さの説明文が登場します。掲示文に関する問題が 2 問、E メールに関する問題が 3 問、最後の説明文に関する問題は 5 問出題されます。

A 掲示・案内の読解問題

例題 | **2018 年度第 3 回**

Blue Sea Amusement
Whale Watching Boat Rides

Come and join a whale watching tour with us! If you don't see a whale, you can still enjoy the beautiful ocean and learn about the history of South Bay.

Boats leave every two hours from 10 a.m. to 4 p.m. The whale watching season is from May to September. We are closed every Tuesday and when the weather is bad.

Ticket Prices
Adults: $35
Children 3 to 12: $18
Children under 3: free

If you want to have a special party on one of our boats, please check our website for more information:

www.blueseawhalewatching.com

（1） What is this notice about?

    1 A show at an amusement park.

    2 A class about the history of boats.

    3 A boat tour to see whales.

    4 A special party on the beach.

（2） People cannot go on a boat ride

    1 if they are under 12 years old.

    2 between 10 a.m. and 4 p.m.

    3 if the weather is bad.

    4 on Thursdays.

POINT　必要な情報に絞って読もう！

　掲示や案内文にはいろいろな情報が含まれていますが、まず 2 つの問題で問われる情報を最初に確認し、その情報に集中して効率良く読むようにしましょう。最初の問題は何のお知らせかを聞いているので、冒頭のタイトルを確認します。Whale Watching Boat Rides（ホエールウォッチングの船旅）とあるので、これを言い換えた 3 A boat tour to see whales（クジラを見る船旅）が正解です。2 問目では船に乗れないのはどんな時かが問われています。年齢制限、1 年のうちの期間、曜日と時間帯について一致する選択肢はありませんが、本文中の when the weather is bad（天気が悪い時）が 3 if the weather is bad と合致するのでこれが正解です。

本文訳

ブルー・シー・アミューズメント
ホエールウォッチングの船旅

一緒にホエールウォッチング・ツアーに参加しましょう。もしもクジラを見れなくても、美しい海を見て、サウスベイの歴史について学ぶことができます。

船は午前10時から午後4時まで2時間おきに出発します。ホエールウォッチングのシーズンは5月から9月までです。毎週火曜日と天気が悪い時は休みになります。

チケットの価格
大人：35ドル
3歳から12歳の子供：18ドル
3歳未満の子供：無料

もし、船で特別なパーティーをしたいなら、ウェブサイトでさらに情報を調べてください。

www.blueseawhalewatching.com

（1） 正解 **3**

訳 この掲示は何についてのものですか。
1 アミューズメントパークでのショー。
2 船の歴史についての授業。
3 クジラを見る船旅。
4 浜辺での特別なパーティー。

（2） 正解 **3**

訳 船旅に行けないのは
1 12歳未満の場合。
2 午前10時と午後4時の間。
3 天気が悪い場合。
4 木曜日。

B　E メールの読解問題

例題 | **2018 年度第 2 回（1 通目のメール）**

From: Paul Harrison
To: Greg Harrison
Date: March 16
Subject: Spring vacation

Uncle Greg,
How are you? I'm looking forward to staying with you in Boston during my spring vacation. My mother told me to send you some information about my train schedule. She's a little worried because this is my first time to travel alone. My train arrives at South Station at 5:30 on Friday evening. I can walk to your apartment from there. I remember where you live.
I can't wait to see you!
Paul

（1）　Why is Paul's mother worried?
　　1　Paul has never traveled by himself before.
　　2　The train to Boston is often late.
　　3　Paul's uncle's apartment is very small.
　　4　Paul hasn't been to a big city before.

POINT　　メールを読む前に設問文を確認しよう！

　3 つのメール文の内容に関して 3 つの問題が出題されます。それぞれのメール文を読み始める前に設問の内容を確認しておくと解答が楽になるでしょう。設問は Why is Paul's mother worried?（なぜポールの母親は心配しているか）なので、worried（心配している）とその理由を表す単語に注意しながら読んでいきます。すると、第 4 文で She's a little worried（母は少し心配しています）に続いて because でその理由が示されています。この部分で this is my first time to travel alone（今回が僕の初めての一人旅だ）と書かれているので、同じ内容の選択肢 1 が正解です。

（1） 　正解　1

　　訳　なぜポールの母親は心配しているか。

　　　1　ポールは以前には一人で旅をしたことがない。
　　　2　ボストンへ行く電車はよく遅れる。
　　　3　ポールのおじさんのアパートはとても狭い。
　　　4　ポールは今まで大都会へ行ったことがない。

　本文訳

　　送信者：ポール・ハリソン
　　宛先：グレッグ・ハリソン
　　日付：3月16日
　　件名：春休み
　　--
　　グレッグおじさんへ、
　　お元気ですか。春休みにボストンのおじさんの所に泊まりに行くのを楽
　　しみにしています。母が僕の電車の時刻についておじさんに送るように
　　言いました。母は、今回が僕の初めての一人旅なので少し心配していま
　　す。僕の電車はサウス駅に金曜日の晩の5:30に着きます。そこからお
　　じさんのアパートまでは歩いて行けます。おじさんが住んでいる所は覚
　　えています。
　　会うのが待ち切れません。
　　ポール

C 説明文の読解問題

例題 | **2019 年度第 1 回（第 1 パラグラフ）**

Maurice Richard

In Canada, more children play soccer than any other sport, but ice hockey is also popular. Many children dream of becoming professional ice hockey players. For them, ice hockey players are special. One famous Canadian ice hockey player is Maurice Richard.

（1）Which sport is played by the most children in Canada?

1 Boxing.

2 Soccer.

3 Baseball.

4 Ice hockey.

POINT　質問の内容を正確に把握しよう！

　本文では soccer（サッカー）と ice hockey（アイスホッケー）の2つのスポーツに言及がありますが、設問ではカナダで the most children（最も多くの子ども）が競技しているスポーツが問われています。第 1 文で In Canada, more children play soccer than any other sport（カナダでは、サッカーは他のどのスポーツよりも多くの子どもたちによって競技されている）とあるので、2 が内容的に一致します。ice hockey is also popular（アイスホッケーも人気がある）や ice hockey players are special（アイスホッケーの選手は特別な存在だ）という記述に惑わされないように気をつけましょう。

（1）　正解　2

　　　訳　どのスポーツをカナダで最も多くの子どもたちがしていますか。
　　　　1　ボクシング。
　　　　2　サッカー。
　　　　3　野球。
　　　　4　アイスホッケー。

モーリス・リチャード

　カナダでは、サッカーは他のどのスポーツよりも多くの子どもたちによって競技されているが、アイスホッケーも人気がある。多くの子どもたちはプロのアイスホッケー選手になることを夢見ている。彼らにとって、アイスホッケーの選手は特別な存在だ。有名なアイスホッケー選手の１人がモーリス・リチャードだ。

筆記試験 4
英作文

問題数 ▶ **1** 問
解答時間 ▶ **15** 分

　指定されたトピックについて自分の意見を英語で述べる問題です。個人的な好みや希望などがトピックとしてよく取り上げられます。筆記試験の一部として出題されるので解答時間は受験者自らが決めることになります。ですが、現実的には大問1〜3を35分以内に解き終えてから残りの15分間で集中して取り組むのが理想的な時間配分でしょう。

例題 | **2018 年度第 2 回**

- あなたは、外国人の友達から以下のQUESTIONをされました。
- QUESTIONについて、あなたの考えとその理由を2つ英文で書きなさい。
- 語数の目安は25語〜35語です。
- 解答がQUESTIONに対応していないと判断された場合は、0点と採点されることがあります。QUESTIONをよく読んでから答えてください。

QUESTION
Which do you like better, nature or big cities?

英作文の採点基準

英作文は筆記試験の一部として出題されますが、Reading や Listening の技能を試す問題のように選択式ではなく記述式です。高得点をねらうためにも、まずは採点基準を確認しておきましょう。

採点基準	採点のねらい	配点
内容	課題で求められている内容が含まれているか	4点
構成	英文の構成や流れが分かりやすく論理的であるか	4点
語い	課題に相応しい語いを正しく使えているか	4点
文法	文法的に正しい英文が書けているかどうか	4点

内容 与えられたトピックについて書くことが求められます。自分の考えとそれに沿った理由を2つきちんと示さないと減点の対象になります。トピックからそれずに解答するには、実際に書き始める前に自分の立場を決めて下書きを作ることが重要です。例題と3回のミニ模試演習では、自分の考えを書き出しながら内容を練る訓練をしていきます。

構成 与えられたトピックについてある程度の長さの文章を書くにあたって、読む人に分かりやすく情報を示すことが重要になります。英検3級では自分の考えに対する理由を2つ挙げることが要求されますので、各文の役割をはっきりさせて流れを作るためにも、次のように4文で解答をまとめるとよいでしょう。

第1文	自分の意見	I like 〜 better than ... など
第2文	理由は2つ	I have two reasons.
第3文	理由1	First, ...
第4文	理由2	Second, ...

この本では、3つの Step で解答を作成する方法を示していきますので、例にならって自分のオリジナルの解答を作成する練習をしましょう。

語い 単に課題に答えるだけでなく、多様な語いを使いこなす力も採点対象になります。無理に難しい単語や熟語を使う必要はありませんが、自分の考えを述べるのに必要な表現のストックを普段から増やしておきましょう。また、同じ表現の繰り返しを避けて別な表現で言い換えられると、柔軟な語い力をアピールできるでしょう。

文法 名詞の複数形や動詞の三単現の s を抜かす、動詞の過去形を間違える、といった初歩的なミスが多いと、文章が読みにくくなります。文法で高評価を得るために極力こうしたミスを減らすようにしましょう。そのためには、最後に自分の解答を必ず読み返すようにしましょう。

　この本では「英作文上達トレーニング」のトレーニング 1 を通じて「内容」と「構成」の点で評価される解答を作成し、トレーニング 2 の和文英訳を通して「語い」と「文法」の強化を図ります。

　それでは、次のページから解答例の作り方を見ていきます。

英作文に取り組む手順

英作文は、いきなり書き始めてはいけません。日本語の作文と一緒で、読み手に評価してもらうには、内容と構成についてメモを書きながら考えをまとめることが重要です。次のように 3 つの Step で取り組みましょう。

Step 1 | 自分の意見を決める (1 分)

与えられるのは Yes か No で答えるか、2 つのうち 1 つを選ばせる形の 2 択の Question です。難しく考えずにどちらを選ぶかすぐに決めましょう。

Step 2 | 理由を書き出す (4 分)

Step 1 で決めた自分の意見について、思いつく理由を書き出しましょう。この段階ではまだ日本語で結構です。実際の解答では 2 つあれば十分ですが、英語の文を作る際に少し多めに選択肢があった方が安心なので 5 つの理由を挙げてください。

▶「自然の方が好きだ」の場合

理由

1	山でハイキングを楽しむ
2	空気がきれいで気分爽快
3	静かだから、じっくり本を読んだり勉強したりできる
4	近所の騒音を気にする必要がない
5	特産品が美味しい

▶「大都市の方が好きだ」の場合

理由

1	いろんな人に出会える
2	都会の人は他人に干渉しない
3	学ぶ機会や施設が多い
4	文化施設やイベントが多い
5	自然も結構ある

Step 3 自分の解答をまとめる（10 分）

Step 1 と Step 2 をもとに解答を英語で 1 文ずつ書いていきましょう。

> **第 1 文** I like ... など（Question に対する自分の考え）
> **第 2 文** I have two reasons.（定型文）
> **第 3 文** First, ...（文頭は定型表現）
> **第 4 文** Second, ...（文頭は定型表現）

　第 1 文でシンプルに Question に答え、残りの部分で定型文や定型表現を使ってあらかじめ決まったパターンの解答に仕上げるのがコツです。こうすることで内容的な展開がはっきりします。理由については Step 2 で挙げた中から英語で表現しやすいものを優先して選ぶと良いでしょう。最後に、必ず 2 分前には書き終えてスペルや文法のミスがないかどうか確認しましょう。

▶「自然の方が好きだ」の場合

解答例

I like nature better than big cities. I have two reasons. First, I enjoy hiking in the mountains with my friends. Second, I can see birds and animals in nature.

(30 語)

▶「大都市の方が好きだ」の場合

解答例

I like big cities better than nature. I have two reasons. First, there are many cultural buildings and events in cities. Second, there are many shops, so I can see clothes directly before I buy them.

(36 語)

　それでは次のページから実際に以上の手順で解答を作成してみましょう。

■ トレーニング1

いきなり英語で書き始めようとしても行き詰まってしまいます。3つの Step で着実に解答を作成していきましょう。高評価される解答にするには、問題の指示を確認しながら内容について考え、決まったパターンの英文を書くのが鉄則です。

Step 1 自分の意見を決めよう！

英作文の問題では、必ず「あなたの考え」を書くように指示されます。この問題で問われているのは、nature（自然）と big cities（大都市）の2つのうちどちらの方が好きかです。直感で構いませんので、どちらか1つを選びましょう。

QUESTION

Which do you like better, nature or big cities?

質問の訳 あなたは自然と大都市のどちらの方が好きですか。

Step 2 理由を書き出してみよう！

問題の指示文には、あなたの考えについて「その理由を2つ」書くようにとあります。Step 1 で選んだ自分の意見の理由を少し多めに5つ挙げてみましょう。この段階では日本語で構いません。

▶「＿＿＿＿＿＿＿＿＿＿＿＿＿＿の方が好きだ」

理由	
1	
2	
3	
4	
5	

Step 2 の記入例

Step 1 で決めた自分の意見について、その理由を 5 つ挙げられましたか？
nature（自然）と big cities（大都市）の両方の場合で、選ぶ理由として考えられるものを下に 10 個列挙します。皆さんが考えた理由やそれに近いものを探してみましょう。

▷「自然の方が好きだ」の場合

理由

1	山でハイキングを楽しむ
2	空気がきれいで気分爽快
3	静かだから、じっくり本を読んだり勉強したりできる
4	近所の騒音を気にする必要がない
5	特産品が美味しい
6	木漏れ日や木の葉が風に揺れる音に安らぐ
7	楽しいアクティビティがたくさん
8	鳥や動物を見ることができる
9	星がきれい
10	電車やバスが空いている

▷「大都市の方が好きだ」の場合

理由

1	いろんな人に出会える
2	都会の人は他人に干渉しない
3	学ぶ機会や施設が多い
4	文化施設やイベントが多い
5	自然も結構ある
6	国中の食べ物が集まるから美味しい
7	医療施設が多く病気になっても安心
8	人が集まるから仕事も多い
9	公共交通機関が発達していて便利
10	お店が多く直接見て買える

自分の解答をまとめよう!

　最後に、「英作文に取り組む手順」で説明したパターン通りに英語で解答を作ります。解答に必要な文の数は4つでしたね。定型文と定型表現を使いながら、Step 1 と Step 2 で考えた内容を埋めて自分の解答を完成させましょう。

第1文 自分の意見

I like   better than

第2文 理由は2つ

I have two reasons.

第3文 理由1

First,

第4文 理由2

Second,

の記入例

2つの意見で書かれた解答例を見てみましょう。 Step 2 で挙げられた理由の中から2つを採用して書かれています。シンプルな表現だけでもきちんと解答できるんだ、ということを確認してください。

▶「自然の方が好きだ」の場合

解答例（理由1と8）

I like nature better than big cities. I have two reasons. First, I enjoy hiking in the mountains with my friends. Second, I can see birds and animals in nature.

(30 語)

解答例訳 私は大都市よりも自然の方が好きです。理由が2つあります。第1に、私は友達と山でハイキングを楽しみます。第2に、自然の中で鳥や動物を見ることができます。

▶「大都市の方が好きだ」の場合

解答例（理由4と10）

I like big cities better than nature. I have two reasons. First, there are many cultural buildings and events in cities. Second, there are many shops, so I can see clothes directly before I buy them.

(36 語)

解答例訳 私は自然より都会が好きです。理由が2つあります。第1に、都市ではたくさんの文化的な施設やイベントがあります。第2に、お店が多く、服を直接見て買うことができます。

　トレーニング 1 では 3 つの Step で決められたパターンに従って解答を作成して
みました。そうすることで「内容」と「構成」の採点基準を満たした解答が出来上
がったはずです。ここでは 1 つ 1 つの英文を作る訓練をしましょう。左ページの文
は Step 2 で列挙した理由に文字数を稼ぐために内容的な肉付けをしたものです。
これを見て右ページの英語の文がすぐに書けるようになるまで何度も練習しましょ
う。 POINT では表現や文法に関する要点を説明しましたので、残りの採点基準であ
る「語い」と「文法」についても意識して取り組みましょう。

▶「自然の方が好きだ」の場合

　1 私は友達と山でハイキングを楽しむ。

　2 空気がきれいで私は気分爽快になれる。

　3 自然の中では、静かだから読書を楽しむことができる。

　4 私は近所の騒音を気にする必要がない。

1 I enjoy hiking in the mountains with my friends.

POINT

> この V-ing は動名詞で、「V すること」の意味（V は動詞）。to V にも「V すること」の意味があるが、enjoy のあとに置けるのは V-ing のみ。

2 The air is clean, and I can feel refreshed.

POINT

> air は「nature にある air」と「特定」されているから、定冠詞 the をつけて the air。refresh が「元気を回復する」ではなく「元気を回復させる」という意味であることにも注意。過去分詞で書く。

3 In nature, it is quiet enough to enjoy reading.

POINT

> 思いついた日本語を直訳せずに、いったん「英文和訳調の日本語」に読み替えてから英訳すると、読みやすい英文になる。ここでは「読書を楽しむのに十分静かだ」と読み替え、enough to V を使う。

4 I don't need to worry about noise in the neighborhood.

POINT

> don't need to V「V する必要がない」。worry about ~「~について心配する」。この文はそのまま直訳で英訳できる。

5 私は特産品を楽しむことができる。

6 陽の光や木の葉が風に揺れる音に私は安らぐ。

7 釣りやボートこぎのような楽しいアクティビティがたくさんある。

8 自然の中で私は鳥や動物を見ることができる。

9 照明がほとんどないので、私は空にたくさんの美しい星を見ることができる。

10 電車やバスがあまり混んでいないので、私はストレスを感じない。

5 I can enjoy a lot of local foods.

POINT
自分の知らない単語を英訳するときのコツは、「自分の知っている単語で言い換えてみる」こと。ここでは「特産」という日本語にこだわらず、「地元の食べ物」と言い換える。

6 The sunshine and the sound of leaves in the wind make me relax.

POINT
「木の葉が風に揺れる音」は「風の中の木の葉の音」と言い換える。make O V 原形「O を V させる」。

7 There are a lot of activities such as fishing or boating.

POINT
such as ～は「～のような」の意味で具体例を挙げるときに使う表現。like ～ も同じ意味で使われる。

8 I can see birds and animals in nature.

POINT
主語に注意。日本語は主語を言わないことが多いが、英語は SV が文の基本なので、英訳するときに主語を付け足す必要がある。

9 There are few lights, so I can see many beautiful stars in the sky.

POINT
few ～「ほとんどない」。a few ～「少しある」との違いに注意。light も star も可算名詞なので、複数形で書くこと。sky は「最初に述べた自然の空」なので定冠詞 the をつける。

10 The trains and buses are not so crowded, so I don't feel stress.

POINT
train も bus も可算名詞なので複数形にする。be crowded「混んでいる」と feel stress「ストレスを感じる」はいずれも重要表現。覚えておこう。

▶「大都市の方が好きだ」の場合

1 私は都市でいろんな人に出会える。

2 都会の人は他人の個人的な生活に干渉しない。

3 学ぶ施設が多いので、私は学ぶ機会がより多く得られる。

4 都市では文化施設やイベントが多い。

5 都市には多くの公園があるので、私はたくさんの自然を楽しむことができる。

6 国中から美味しい食べ物が都市に集まる。

1 I can meet all kinds of people in cities.

POINT
「いろんな人」は「多くの種類の人々」と言い換える。さらに、**all kinds of ～**「あらゆる種類の～」を使うと種類の多さを強調できる。

2 People in cities do not step into other people's personal lives.

POINT
「～に干渉する」は **interfere with** ～だが、英検 3 級レベルを超える。自分の知っている単語で言い換えてみよう。**step into** ～「～に踏み込む」が候補の 1 つ。

3 There are many schools, so I can get more chances to study.

POINT
to study は不定詞の形容詞的用法で、直前の **more chances** を修飾。「施設」も、自分の知っている単語で言い換えてみよう。

4 There are many cultural buildings and events in cities.

POINT
ここでも「施設」を言い換える。ちなみに「都会の良さ」について述べる答案で、最も見かける理由がこれ。文字数が許せば、コンサートやスポーツイベントなどの具体例を盛り込んでも良い。

5 Because cities have many parks, I can enjoy a lot of nature.

POINT
「都会＝コンクリートジャングル」のような先入観を否定するような意見なので、どうしてそう言えるのか（公園が多いから）について一言付け加える必要がある。

6 Good food from all over the country comes to cities.

POINT
「食べ物」そのものを表す **food** は不可算名詞。**foods** ではなく **food** と書く。

7 医療施設が多いので、私は病気になっても安心だ。

8 多くの人たちが生活し働いているので、そこにはたくさんの仕事がある。

9 私はたくさんの電車やバスが利用できるのでとても便利だ。

10 お店が多く、私は服を直接見て買うことができる。

7 There are many hospitals, so I don't have to worry about getting sick.

POINT

ここでも「医療施設」を「病院」と言い換えた。英語と比べて日本語は一般的
で抽象的な表現が多いとされている。具体的な言葉に置き換えてみると、より
自然な英語表現になる。

8 Because many people live and work, there are a lot of jobs there.

POINT

都市に人が集まる最大の理由が、ズバリこれ。英検3級では時事ネタは出題さ
れないが、学習が進むと社会問題について書くことが求められる（英検だと準
1級）。日ごろからニュースを見る習慣を身につけておこう。

9 I can use a lot of trains and buses, so it is very convenient.

POINT

public transportation「公共交通機関」という表現を知らなければ具体的
に言い換えてしまう。ちなみに後半の it は、trains and buses ではなく、コ
ンマまでの内容を指す。

10 There are many shops, so I can see clothes directly before I buy them.

POINT

「直接、直に」は in person としても良い。日本語の「〜して」（ここでは「見
て」）には様々な意味があるので、具体的な表現に読み変える必要がある。こ
こでは接続詞 before を使って2つの動作「見る」と「買う」の順番を示した。

リスニングテスト 第1部
会話の応答文選択

$$ 問題数 \blacktriangleright 10_{問} $$

$$ 解答時間 \blacktriangleright 1_{問} 10_{秒} $$

　イラストを見ながら短い会話を聞き、最後に続く返事として適切な文を選ぶ問題です。家族や友人同士、あるいは店員と客などの間で交わされる日常的な場面が想定されています。会話は1度だけ読まれます。

例題 | **2018 年度第 3 回**　　　　　　　　　　　　　　　　◀01

■ スクリプト

M: I like your car.

W: Thanks. I drive it on weekends.

M: How long have you had it?

　1 That's expensive.

　2 Since October.

　3 From my parents.

POINT 疑問詞をしっかりとらえよう！

　放送される最後の文が疑問文なら文頭の疑問詞に合った解答を選びましょう。この例題の最後の文は How long ...（どのくらいの期間）と時間の長さを聞いています。For 〜 years や For 〜 months などの典型的な返事はありませんが、2 Since October.（10月からです）なら会話が成り立ちます。前置詞や接続詞 since は「〜以来」の意味で、過去の一時点から現在までの期間を表します。

正解　2

選択肢の訳　1　それは高価です。
　　　　　　2　10月からです。
　　　　　　3　両親からです。

スクリプトの訳
　　　男性：　あなたの車素敵ですね。
　　　女性：　ありがとう。週末に乗っています。
　　　男性：　どれくらいの期間その車を持っているのですか。

　この本では次のクイズでリスニングテストの会話の応答文選択問題の強化をはかります。

▶ **重要会話表現クイズ**
（→ 062-065）
短い対話に含まれる定型表現を空所にしてあります。しっかり覚えて、実際に使えるようにしておきましょう。

リスニングテスト 第2部
会話の内容一致選択

問題数 ▶ **10** 問

解答時間 ▶ **1** 問 **10** 秒

　会話を聞いてその内容についての質問に答える問題です。2人の人物による2往復程度の短い対話で、家族や友人同士、あるいは店員と客などの間で交わされるやり取りが中心です。会話と質問はそれぞれ2回読まれます。

例題 | **2018年度第2回**　　　　　　　　　　　　　　　◀ 02

1 Call the dentist.
2 See a movie.
3 Stay at home.
4 Buy some candy.

■ スクリプト

M: Mom, did you call the dentist for me?
W: Not yet, Jack.
M: My tooth hurts. I need to see him.
W: Sorry. I'll call him now.

Question: What does Jack want his mother to do?

POINT 代名詞が何を指しているか把握しよう！

　Mom（お母さん）という呼びかけから息子と母親の会話だとわかります。息子は自身について My tooth hurts. I need to see him.（歯が痛いんだ。彼に見てもらわなきゃ）と述べていて、これに対して母親は I'll call him now（今、彼に電話する）と言っています。him（彼）とは誰かと言うと、息子と母親以外の人物なので、息子の最初の発言で登場した the dentist（歯医者さん）のことだと考えられます。以上のことを踏まえると 1 が正解です。代名詞が指す単語は、会話の状況や内容を総合して考えるようにしましょう。

　　正解　　1

　選択肢の訳　　1　歯医者に電話する。
　　　　　　　　2　映画を見る。
　　　　　　　　3　家にいる。
　　　　　　　　4　キャンディーを買う。

　スクリプトの訳

　　　　男性：お母さん、僕のために歯医者に電話してくれた？
　　　　女性：まだよ、ジャック。
　　　　男性：歯が痛いんだ。歯医者さんに診てもらわなきゃ。
　　　　女性：ごめんなさいね。今、電話するから。
　　　　質問：ジャックはお母さんに何をして欲しいのか。

問題数 ▶ **10** 問

解答時間 ▶ **1** 問 **10** 秒

　説明文を聞いて、その内容についての質問に答える問題です。内容は架空の人物についての物語文やアナウンスが中心です。放送は20秒程度の長さで、英文と質問はそれぞれ2回読まれます。

例題 | **2019 年度第 1 回**　　　　　　　　　◀ 03

1 Go on a trip.
2 Buy her a pet.
3 Take care of her dog.
4 Visit her grandparents.

■ スクリプト

Last weekend, my family and I drove to my grandparents' house. Our dog doesn't like cars, so he couldn't come with us. I asked my friend George to take care of him.

Question: What did the girl ask George to do?

POINT 質問までしっかり聞こう！

　説明文にはいくつかの情報が含まれていますが、質問で問われることは1つ
だけです。その質問は問題用紙には印刷されず、説明文の後にQuestionとし
て読み上げられますので、放送を最後まで集中して聞き取ることが重要です。会
話の内容を確認すると、家族で祖父母の家に行った、犬は一緒に連れてこなかっ
た、友達のジョージに犬の世話を頼んだ、という3つの情報が示されています。
質問はWhat did the girl ask George to do?（女の子はジョージに何をする
ように頼んだか）なので、3つ目の情報と一致する3が正解です。1回目の放送
で会話の内容が分からなくても、質問だけはしっかり聞いて2回目の放送で解
答に必要な情報に集中するようにしましょう。

正解 3

選択肢の訳　1　旅行に行く。
　　　　　　　2　彼女にペットを買ってあげる。
　　　　　　　3　彼女の犬の世話をする。
　　　　　　　4　彼女の祖父母を訪れる。

スクリプトの訳

　先週末に私の家族と私は車で祖父母の家に行った。私たちの犬は車が好きで
はないので、私たちと一緒に来ることができなかった。私は友達のジョージに犬
の世話をしてくれるように頼んだ。

　質問：女の子はジョージに何をするように頼んだか。

二次試験
英語での面接

> 問題数 ▶ 音読 **1** 問と質疑応答 **5** 問
>
> 解答時間 ▶ 約 **5** 分

　「問題カード」に書かれた英文を音読します。その後に、面接委員からの5つの質問に答えます。最初の3問は「問題カード」の英文とイラストに関するもので、英文の内容の理解と身近な状況を説明する能力が問われます。残りの2問では、自分自身の日常生活や経験について述べることが求められます。

例題 | **2018年度第2回A日程**

問題カード

Coffee Shops

There are coffee shops everywhere in Japan. Coffee shops sell many kinds of cakes and drinks, so they are good places to relax with friends. Some people also like to read books there.

Instructions and Questions ◀04

First, please read the passage silently for 20 seconds.
<20 seconds>
Now, please read it aloud.

Now I'll ask you five questions.

No. 1 Please look at the passage. Why are coffee shops good places to relax with friends?

No. 2 Please look at the picture. Where is the magazine?

No. 3 Please look at the woman with long hair. What is she going to do?

Now, please turn the card over.

No. 4 Where would you like to go on your next holiday?

No. 5 Have you ever been to an aquarium?
Yes. → Please tell me more.
No. → What do you like to do in the evenings?

二次試験の流れ

　面接は1人ずつ面接室で行われます。面接委員は1人だけで、日本人の場合もありますが、全て英語でやり取りしなくてはいけません。写真撮影や録音に加え、メモを取ることもできません。

入室	係員の指示で面接室に入り、面接委員に面接カードを手渡します

挨拶	面接委員から氏名と受験する級を確認されたら、簡単な挨拶をします

| 音読 | 面接委員から文章とイラストが印刷された問題カードを受け取り、指示に従って問題カードに印刷されたパッセージを音読します |

| 質疑応答 | 面接委員からの 5 つの質問に答えます |

| 退室 | 面接委員に問題カードを返却して退出します |

二次試験の評価対象と配点

　音読と5つの質問に答えることが課せられますが、それ以外に全体を通して面接委員とのやりとりをする際の意欲や態度も評価の対象になります。配点は以下の通りです。

評価対象	採点のねらい	配点	
音読	英文の内容がきちんと伝わるように、個々の単語の発音や意味の区切りなどに注意して読むことが求められます。	5点	
質疑応答	与えられた情報（英文、イラスト）に関する質問では、情報を理解した上で、適切な表現を使って答えることが求められます。また、受験者自身に関する質問では、質問を正確に理解した上で、それに対応した答えを述べることが求められます。	No. 1	5点
		No. 2	5点
		No. 3	5点
		No. 4	5点
		No. 5	5点
アティチュード	面接室への入室から退出までのやりとりの中で、積極的にコミュニケーションを図ろうとする態度が求められます。	3点	

音読　「問題カード」を受け取ると、First, please read the passage silently for 20 seconds.（最初に、パッセージを20秒間黙読してください）と指示されます。20秒後にNow, please read it aloud.（それでは、パッセージを音読してください）という指示が出たら音読を始めます。無理やり速く読む必要はありませんので、落ち着いて読み上げましょう。各単語をはっきりと滑らかに発音することが重要です。

質疑応答　音読の後、次の 5 つの質問に答えます。

No. 1	「問題カード」のパッセージの内容についての質問
No. 2	「問題カード」のイラストについての質問
No. 3	「問題カード」のイラストについての質問
No. 4	受験者自身についての質問
No. 5	受験者自身についての質問

最初の 3 つの質問では、英文の内容やイラストを説明することが求められます。最後の 2 つの質問では、Yes か No で答えるだけでなく、具体例や説明を補うことも求められます。また、全体を通して発音、語いや文法の正確さも評価の対象になります。

アティチュード

面接に取り組む態度が 1：普通、2：よい、3：とてもよい、の 3 段階で評価されます。与えられた課題とは別に採点されますので、ボーナスポイントととらえて良いでしょう。

ここで面接委員から高い評価を得るために、まずアイコンタクトを徹底しましょう。話を聞こうとしているのだ、ということを態度で示すことが重要です。また、面接委員の発言に対して、できるだけ返事をしましょう。「〜してください」と指示が出たら、All right.（わかりました）や Yes.（はい）などと述べてしっかり反応することで印象が良くなります。万が一面接委員の発言の内容がわからなければ、その場で聞き返しましょう。繰り返し聞き返すと減点の対象になることもありますが、わからないまま黙っていては採点されません。

面接室に入ってから音読をするまでに、自分の名前を名乗ったり簡単な挨拶をしたりする機会がありますので、この時に十分なウォーミングアップをしておきましょう。音読と質疑応答で大きな声でしっかりと話すように心掛ければ、必ず 2 点は獲得できるでしょう。

音読のコツ

　英文を音読するとき、個々の単語の発音が気になって一語一語区切ってしまい、たどたどしくなっていませんか。ネイティブのように滑らかに英文を読み上げるには、単語の発音よりもむしろ英文の流れやリズムを意識することが大事です。英文の流れは、単語同士をつなげてかたまりにし、適切な位置で一呼吸入れることで明確になります。また、英語のリズムは単語ごとに発音の強弱をつけることで生まれます。次に挙げるルールと手順に従って練習し、5点獲得を目指しましょう。

1 適切な位置で区切ろう

　文の数は3つ程度ですが、10語以上の長い文も含まれますので、一気に読み上げるのは難しいでしょう。文構造を踏まえながら無理のない位置で区切りましょう。

> **ルール1** 文の終わりで区切る
>
> In Japan, / many people enjoy eating fish. /

> **ルール2** 主語が長いときは動詞の前で区切る
>
> Fresh vegetables and seafood / are cooked / in hot oil. /

> **ルール3** 主語が代名詞のときは直後で区切らない
>
> They are good places / to relax with friends. /

> **ルール4** 前置詞＋名詞などの修飾語句はまとめて前後で区切る
>
> Fish is sold / at markets / early in the morning. /

2 強弱をつけて読もう

強く発音する語句と弱く発音する語句のメリハリを意識しましょう。リズムに乗って滑らかに読み上げることが重要です。

> **ルール1** 動詞・名詞・形容詞・副詞は強くはっきりと読む
>
> Fresh <u>vegetables</u> and <u>seafood</u> are <u>cooked</u> in <u>hot</u> oil.

> **ルール2** 代名詞・前置詞・接続詞は弱く読む
>
> <u>They</u> are **good places** <u>to</u> **relax** with **friends**.（They が代名詞、to が前置詞）

> **ルール3** 文で特に重要な語句を強く読む
>
> There are <u>coffee</u> shops <u>everywhere</u> in <u>Japan</u>.

以上が一般的なルールですが、「動詞＋名詞」など強く発音される語句が 2 つ続く場合はどちらか一方がより強く発音されます。また、ルール 2 とは逆に接続詞が強調されて強く発音される場合もあります。このように文の内容と関連して例外も発生しますが、まずは上のルール 1 ～ 3 を念頭に置いて読み上げるようにしましょう。

3 次の手順で練習しよう

次のページから実際に音読に取り組みます。効果を上げるために次の手順で練習しましょう。自分の音読を聞き直すための録音機器を用意してください。

1 区切りや語句の強弱が示された英文を見ながら、ネイティブの音読を聞く。

2 区切りや語句の強弱が示された英文を見ながら、ネイティブの真似をして音読する。

3 問題カードの英文を見ながら、区切りや語句の強弱を意識して音読する。このとき、自分の音読をスマホなどに録音する。

4 ネイティブの音読と **3** で録音した自分の音読を聞き比べて、修正点を探す。

5 ネイティブの音読に近づくように **3** ～ **4** を繰り返し練習する。

■ 音読練習

　音読は何と言ってもネイティブの読み上げ方を何度も繰り返し聞いて、それを自分で真似することが一番です。問題カードの英文を以下に再掲載しますが、区切れる箇所と特に強く読む語句を太字にしてあります。057 ページの手順に従って何度も練習しましょう。

Coffee Shops　　　◀ 05 >>> 07

① There are **coffee** shops / **everywhere** in **Japan**. / ② **Coffee** shops sell / **many** kinds of **cakes** and **drinks**, / so **they** are good **places** / to **relax** with **friends**. / ③ **Some** people / **also** like to read **books** there. /

解説　① everywhere の wh は、アメリカ英語では口をすぼめて「ウ」と発音することが多いです。② cakes は「ケーキズ」ではありません。a はアルファベット A の読み（エイ）で、e は発音しないので、「ケイクス」のような音になります。drink は d と r の間に母音を入れません。「ドリンク」の「ド」から「オ」を差し引いて発音します。③ some の母音は日本語の「ア」と同じ口の開き加減で結構です。-me の部分は、「ム」ではなく唇を閉じるだけで母音は発音しません。

問題カードの訳

コーヒーショップ

日本には至る所にコーヒーショップがある。コーヒーショップはたくさんの種類のケーキやドリンクを販売しているので、友達とくつろぐのに良い場所だ。そこで読書を楽しむ人もいる。

■ 質疑応答の例

　音読が終わると面接委員から5つの質問をされます。最初の3つは問題カードを見ながら答えますが、残りの2つではカードを見ないで自分の意見を述べることが求められます。まず、スクリプトで質問の内容や模範的な応答の分量を把握し、解説で解答の仕方を確認しましょう。次に、音声を繰り返し聞いてから、受験者の解答例が滑らかに口をついて出てくるまで音読をしてください。シミュレーションと口慣らしをしておくと自信につながります。

No. 1　　　　　　　　　　　　　　　　　　　　　　　　　◀08

Examiner: Please look at the passage. Why are coffee shops good places to relax with friends?

　　面接委員：パッセージを見てください。どうしてコーヒーショップは友達とくつろぐのに良い場所なのでしょうか。

Examinee: Because they sell many kinds of cakes and drinks.

　　受験者：たくさんの種類のケーキや飲み物を売っているからです。

> **解説**　文の形と内容の2つに注意しましょう。文の形について、ここでは Why で理由を尋ねられているので、Because ... で答えます。内容については、第2文に注目しましょう。..., so they are good places to relax with friends（だから友達とくつろぐのに良い場所だ）とあるので、so の前、つまり文の前半に理由を表す内容があるはずです。Coffee shops sell many kinds of cakes and drinks（コーヒーショップはたくさんの種類のケーキやドリンクを販売している）とありますが、Coffee shops は質問文に出てくる語句なので、代名詞 They に置き換えましょう。

No. 2

◀ 09

Examiner: Please look at the picture. Where is the magazine?

面接委員： イラストを見てください。雑誌はどこにありますか。

Examinee: It's on a table.

受験者： テーブルの上にあります。

解説　まず質問の形式に注目します。Where は場所を問う表現なので、解答には場所の示す言葉が必要です。さらに、以下の2つにも注意しましょう。1つは、英文には SV が必要なので、S（主語）を付け加えなくてはいけません。ここでは雑誌を指す It です。もう1つは、where は「どこ（名詞）」ではなく「どこに（副詞）」なので、名詞で答えてはいけません。table「テーブル（名詞）」ではなく、on a table「テーブルの上に（副詞句）」と答えましょう。

No. 3

◀ 10

Examiner: Please look at the woman with long hair. What is she going to do?

面接委員： 長い髪の女性を見てください。彼女は何をしようとしていますか。

Examinee: She's going to eat a sandwich.

受験者： サンドイッチを食べようとしています。

解説　まず質問の形式を確認します。物事を問う What で始まっていて、未来を表す be going to が用いられているのがポイントです。この2つに注意して、上のように答えましょう。サンドイッチは数えられる名詞なので冠詞 a をつけるのを忘れないようにしましょう。

No. 4　◀11

Examiner: Where would you like to go on your next holiday?

面接委員： 今度の休日にはどこに行きたいですか。

Examinee: I'd like to go to Kumamoto.

受験者： 熊本に行きたいです。

解説　質問の前に please turn the card over（問題カードを裏返してください）という指示があるのでそれに従います。面接では want to よりもその丁寧表現 would like to の方が適切です。「～に行く」は go to ～。go が自動詞なので to が必要です。

No. 5　◀12

Examiner: Have you ever been to an aquarium?

面接委員： これまでに水族館へ行ったことはありますか。

Examinee A: Yes. → Please tell me more.
I went to the aquarium in Shinagawa.

受験者 A： はい。 → もう少し説明してください。
品川の水族館に行きました。

Examinee B: No. → What do you like to do in the evening?
I like to watch TV.

受験者 B： いいえ。 → 夕方は何をするのが好きですか。
テレビを見るのが好きです。

解説　質問が Yes / No タイプの疑問文であることに注目しましょう。Yes か No で返答して、それから詳しく説明します。aquarium の発音は「アクアリウム」ではないので注意してください。「アクエァリアム」のように発音しましょう。もし質問が聞き取れなかったら、あせらず Could you repeat that, please?「もう一度言っていただけますか」と聞き返しましょう。

　重要な会話表現は読んだり聞いたりして理解できるだけでなく、実際に使えるようにしておくことが重要です。日本語の意味に合うように、文の空所に単語を入れてください。

1　「明日は早く起きる必要がありますよ。」「わかりました。」

"You need to get up early tomorrow." "_____ _____."

2　「リズはすぐ到着すると思います。」「そうだといいですね。」

"I think Liz will arrive soon." "_____ _____ _____."

3　「何かご用でしょうか。」「はい、小さな椅子を探しています。」

"_____ _____ _____ _____?" "Yes, I'm looking for a small chair."

4　「疲れてるみたいだね。どうしたの?」「昨日寝てないんだ。」

"You look tired. _____ _____?" "I didn't sleep last night."

5　「宿題手伝ってくれない?」「もちろん。」

"_____ _____ help me with my homework?" "Sure."

6　「映画はどうだった?」「素晴らしかったよ。つまり、今まで見た中で最高の映画っていうことだよ。」

"How was the movie?" "It was fantastic! _____ _____, that's the best movie I've ever seen."

7　「サイトはチェックした?」「うん。午後 10 時閉店って書いてある。」

"Have you checked the website?" "Yes. _____ _____ the shop closes at 10 p.m."

8　「手伝ってくれてありがとう。」「どういたしまして。」

"_____ _____ _____ your help." "Not at all."

9 「明日は試験なんだ。」「幸運を祈るよ。」

"I'm going to have an exam tomorrow." "_____ _____!"

10 「パソコンを再起動させるためにこのボタンを押してください。」「なるほど。」

"Press this button to restart your computer."
"_____ _____."

11 「どうぞご自由に召し上がってください。」「ありがとう。少しいただきます。」

"Please _____ _____." "Thank you. I'll have some."

12 「ジムがレースに勝ったよ。」「冗談でしょう。」

"Jim won the race." "_____ _____."

13 「ちょうどランチを食べたところなんだ。君はどうなの?」「まだだよ。」

"I've just had a lunch. _____ _____ you?" "Not yet."

14 「お水を一杯欲しいのですが。」「少々お待ちください。」

"_____ _____ a glass of water." "Please wait a moment."

15 「ケンとお話したいのですが。」「残念ながら、彼は今外出中です。」

"_____ _____ _____ _____ Ken?" "Sorry, he is out now."

16 「我が家へようこそ!」「何て素敵な場所なんでしょう!」

"_____ _____ our house!" "What a lovely place!"

17 「机の上にあるペンを渡してください。」「はい、どうぞ。」

"Pass me the pen on the desk." "_____ _____ _____."

18 「彼女って恥ずかしがり屋じゃない?」「僕もそう思う。」

"Isn't she shy?" "_____ _____ _____, too."

19 「新しいイタリアン・レストランへ行こうよ。」「良さそうだね。」

"Let's go to the new Italian restaurant." "_____ _____."

20 「どうもありがとうございました。」「どういたしまして。」

"Thank you very much." "_____ _____."

21 「東京はどうですか?」「とてもワクワクする都市だと思います。」

"_____ _____ _____ _____ Tokyo?" "I think it's a very exciting city."

22 「新聞読みたいんだけど。」「残念ながらまだ読み終わってないんだ。」

"I want to read the newspaper." "_____ _____ that I haven't finished it yet."

23 「窓を開けようか?」「うん、お願い。」

"_____ _____ open the window?" "Yes, please."

24 「ああ、バスに間に合わない。」「駅まで歩いたらどう? ここからそんなに遠くないよ。」

"Oh, I'm late for the bus." "_____ _____ _____ walk to the station? It's not so far from here."

25 「もしもし。マイクと同じ学校のケンですが。」「お待ちください。今探してきます。」

"Hello. This is Ken from Mike's school." "_____ _____, please. I'll find him."

26 「今何時ですか。」「ええと。10 時 30 分です。」

"What time is it now?" "_____ _____ _____. It's ten thirty."

27 「お父さんが学校の先生なの?」「うん、その通りだよ。」

"Is your father a school teacher?" "Yes, _____ _____."

28 「ここでタバコを吸ってもいいですか。」「いいえ、外で吸っていただきます。」

"_____ _____ smoke here?" "No, you should smoke outside."

29 「今マイクが入院してるそうだよ。」「本当? 誰もそんなこと教えてくれなかったよ。」

"_____ _____ that Mike is in hospital now." "Really? Nobody told me that."

30 「ジェーンは電話に出ると思う?」「きっと彼女は今家にいると思うよ。」

"Do you think Jane will answer the phone?"
"_____ _____ that she's at home now."

31 「一緒に映画見に行かない?」「それはいい考えだね。」

"_____ _____ go to the movie?" "That's a great idea."

32 「コーヒーはいかがですか?」「はい、少しいただきます。」

"_____ _____ _____ coffee?" "Yes, I'll have some."

答え | **1** All right　**2** I hope so　**3** May I help you　**4** What's wrong
5 Can you / Will you　**6** I mean　**7** It says　**8** Thank you for
9 Good luck　**10** I see　**11** help yourself　**12** You're kidding
13 How about　**14** I'd like　**15** May I speak to　**16** Welcome to
17 Here you are　**18** I think so　**19** Sounds good　**20** You're welcome
21 How do you like　**22** I'm afraid　**23** Shall I　**24** Why don't you
25 Hold on　**26** Let me see　**27** that's right　**28** Can I / May I
29 I hear　**30** I'm sure　**31** Shall we　**32** Would you like

　英検では簡単な動詞を含んだ表現についての問題がよく出題されます。間違いやすい基本動詞の使い分けを問うクイズに挑戦して、得点力アップをはかりましょう。日本語の意味に合うように枠の中から動詞を1つ選んで下の文の空所に入れてください。必要に応じて適切な形に直しましょう。

bring	come	get	give	go	have
keep	look	make	put	see	take

1 「辞書を借りてもいいですか?」「もちろん。さあどうぞ。」

"Can I use your dictionary?" "Sure. ＿＿＿＿＿ ahead."

2 夕方に寒くなってきたので、私はセーターを着た。

It was getting cold in the evening, so I ＿＿＿＿＿ on a sweater.

3 雨が降り始めたが、彼らはサッカーをし続けた。

Although it started raining, they ＿＿＿＿＿ playing soccer.

4 京都を訪れたとき、私たちの家族は楽しいひと時を過ごした。

Our family ＿＿＿＿＿ a good time when we visited Kyoto.

5 メアリーは今外出中です。伝言を預かりましょうか。

Mary is out now. Can I ＿＿＿＿＿ a message?

6 携帯電話に出るためにスーザンは電車を降りなければいけなかった。

Susan had to ＿＿＿＿＿ off the train to answer her mobile phone.

7 マイクはニューヨークに住んでいるが、彼はオーストラリア出身だ。

Mike lives in New York, but he ＿＿＿＿＿ from Australia.

8 ケンは大きなミスをしたがそのことに気づかなかった。

Ken ＿＿＿＿＿ a big mistake but did not notice that.

答え | **1** Go **2** put **3** kept **4** had **5** take **6** get **7** comes **8** made

DAY 1
ミニ模試

筆記試験・リスニングテスト

今日の課題

［目標解答時間：10分＋リスニング］

1 次の（1）から（5）までの（　　　）に入れるのに最も適切なものを 1, 2, 3, 4 の中から一つ選びなさい。

（1） A: I don't know much about baseball. Can you (　　　) the rules to me?
B: Sure. It's easy.

1 sell　　　　**2** save　　　　**3** happen　　　　**4** explain

（2） Mr. Brown is one of the (　　　) for our college English speech contest.

1 musicians　　**2** scientists　　**3** judges　　**4** doctors

（3） My grandfather loves jogging. It rained today, but he got up early and went jogging (　　　) usual.

1 as　　　　**2** ever　　　　**3** by　　　　**4** on

（4） A: Where did you (　　　) up, David?
B: In San Francisco.

1 grow　　　　**2** lose　　　　**3** rise　　　　**4** sound

（5） A: Jane, do you know (　　　) Mary went home early today?
B: Yes. She is sick.

1 whose　　**2** which　　**3** where　　**4** why

2 次の（**6**）から（**7**）までの会話について、（ 　　 ）に入れるのに最も適切なものを **1, 2, 3, 4** の中から一つ選びなさい。

（**6**）　Woman 1: Wow! This is a really nice apartment. (　　)
　　　　Woman 2: I moved here last summer.

　　　　1 Where did you live before?
　　　　2 How long have you lived here?
　　　　3 Why is it so hot?
　　　　4 How often do you clean it?

（**7**）　Woman: Did you know that Paul Edwards got married last month?
　　　　Man: No. (　　)
　　　Woman: His younger brother.

　　　　1 What did you give him?
　　　　2 Was it a big wedding?
　　　　3 Who told you that?
　　　　4 Have you met his wife?

次の掲示の内容に関して、(8)と (9)の質問に対する答えとして最も適切なもの、または文を完成させるのに最も適切なものを 1, 2, 3, 4 の中から一つ選びなさい。

Summer Camp

When: June 23 to June 25
Cost: $250 (Please pay on June 10.)

This June, seventh-grade students can go camping at Cider Lake. You can swim in the lake, go hiking, and more! There will be a barbecue on the last night. It'll be cold, so bring warm clothes.

The bus will leave at 9 a.m. on June 23. We'll arrive at the camp before noon and eat there. You don't have to bring lunch.

If you want to come, sign up in the teachers' room by June 2. You must also come to the meeting in the library at 4 p.m. on June 10.

(8) What do students need to take to the camp?

    1 Warm clothes.
    2 Lunch for the first day.
    3 Some money.
    4 Food for the barbecue.

(9) Students who will go to the camp must

    1 be able to swim well.
    2 pay $250 before June 2.
    3 go to the meeting on June 10.
    4 go to the teachers' room on June 23.

リスニングテスト

◀ 13 >>> 14

<table>
<tr><td>第1部</td><td>イラストを参考にしながら対話と応答を聞き、最も適切な応答を 1, 2, 3 の中から一つ選びなさい。<u>英文は一度だけ放送されます。</u></td></tr>
</table>

No. 1    No. 2

◀ 15 >>> 16

<table>
<tr><td>第2部</td><td>対話と質問を聞き、その答えとして最も適切なものを 1, 2, 3, 4 の中から一つ選びなさい。<u>英文は二度ずつ放送されます。</u></td></tr>
</table>

No. 3

1 Go out to play.
2 Cook his dinner.
3 Help his mother.
4 Eat some dessert.

No. 4

1 Becky's father.
2 Becky's brother.
3 Jim's father.
4 Jim's brother.

| 第3部 | 英文と質問を聞き、その答えとして最も適切なものを 1, 2, 3, 4 の中から一つ選びなさい。英文は二度ずつ放送されます。 |

No. 5

1 Sunny.
2 Rainy.
3 Cloudy.
4 Snowy.

No. 6

1 The tennis club.
2 The table tennis club.
3 The soccer club.
4 The volleyball club.

■ 正解一覧

筆記試験

1

(1)	(2)	(3)	(4)	(5)
4	3	1	1	4

1

No. 1	No. 2
3	1

2

(6)	(7)
2	3

2

No. 3	No. 4
4	3

3

(8)	(9)
1	3

3

No. 5	No. 6
2	3

■ 訳と解説

筆記 1 短文の語句空所補充

（1） 正解 **4**

訳 A：野球についてはよく分からないの。ルールを説明してくれる？
B：もちろんだよ。簡単なことさ。

1 売る　　　**2** 節約する　　　**3** 起こる　　　**4** 説明する

解説 A は野球について I don't know（分からない）と言っているので、B に求めることはルールを explain（説明する）ことだと考えられる。Can you V? は「V してもらえますか」という意味の依頼の表現（V は動詞）。explain A to B で「A を B に説明する」という意味。

（2） 正解 **3**

訳 ブラウン氏は私たちの大学の英語スピーチコンテストの審査員の 1 人です。

1 音楽家　　　**2** 科学者　　　**3** 審査員　　　**4** 医者

解説 ブラウン氏が speech contest（スピーチコンテスト）の何であるのかを考えると、コンテストに関わる人として 3 の judges（審査員）が適合する。judge は動詞だと「判断する、審査する」の意味。「one of + 名詞の複数形」は「〜の中の 1 人（1 つ）」の意味。

（3） 正解 1

訳 祖父はジョギングが大好きだ。今日は雨が降っていたが、彼は早起きしていつものようにジョギングに行った。

　　1 as　　　　　2 ever　　　　3 by　　　　　4 on

解説 第2文は「雨が降っていた」という内容の後に接続詞 but（しかし）が置かれ、he got up early and went jogging（彼＝祖父は早起きしてジョギングに行った）と続いている。第1文で祖父はジョギングが大好きだとあり、毎日ジョギングをしていると考えられるので、every day（毎日）に似た表現となるように1を選んで as usual（いつものように）とする。

（4） 正解 1

訳 A：どこで育ったの、デービッド？
　　B：サンフランシスコだよ。

　　1 成長する　　2 負ける　　　3 上昇する　　4 音がする

解説 空所の直後の up に注目して、相性の良い1を入れると grow up（育つ）となる。こうすると、A が B に Where（どこで）育ったのか聞いていることになり、B の返事 In San Francisco（サンフランシスコで）とも自然につながる。

（5） 正解 4

訳 A：ジェーン、メアリーがなぜ今日早く帰宅したのか知ってる？
　　B：ええ。彼女は体調が悪いのよ。

　　1 誰の　　　　2 どの　　　　3 どこに　　　4 なぜ

解説 A の do you know ...（…を知っていますか）という問いに対して、B は Yes（はい）と言って she is sick（彼女は体調が悪い）と答えているので、A はメアリーが早く帰宅した理由を尋ねていると考えられる。4 why（なぜ）が正解。

（6）　**正解　2**

　　訳　女性1：まあ。これは本当に素敵なアパートですね。（　　　　　）
　　　　女性2：去年の夏ここに引っ越しました。

　　　　1 あなたは以前どこに住んでいましたか？
　　　　2 あなたはここにどのくらい住んでいますか？
　　　　3 どうしてこんなに暑いのですか？
　　　　4 あなたはどのくらいの頻度で掃除しますか？

　　解説　女性1の問いかけに対して女性2が last summer（去年の夏）にここに
　　　　引っ越してきたと答えているので、時間に関わる表現を含む選択肢を探
　　　　す。How long（どれくらいの期間）で始まる **2** が正解。

（7）　**正解　3**

　　訳　女性：ポール・エドワーズが先月結婚したの、知ってましたか？
　　　　男性：いいえ。（　　　　　）
　　　　女性：彼の弟です。

　　　　1 彼に何をあげたんですか？
　　　　2 大きな結婚式だったんですか？
　　　　3 誰があなたに教えたんですか？
　　　　4 彼の奥さんには会ったことはありますか？

　　解説　ポールの結婚を知らなかったという男性が女性に質問している。女性が
　　　　His younger brother（彼の弟です）と答えていることに注目して、人物
　　　　について質問するための疑問詞 Who（誰）で始まる **3** が選べる。

ミニ模試 [解答・解説]

DAY 1

DAY 2

DAY 3

DAY 4

DAY 5

DAY 6

DAY 7

DAY 8

DAY 9

DAY 10

サマーキャンプ

実施日：6月23日から6月25日
費用：250ドル（支払いは6月10日にお願いします）

今年の6月、中学1年生はサイダーレイクへキャンプをしに行くことができます。湖で泳いだり、ハイキングに行ったり、他にもいろんなことができますよ。最後の日の夜にはバーベキューをします。寒くなるので、防寒服を持ってきてください。

バスは6月23日の午前9時に出発します。正午前にキャンプ場に到着し、そこで食事をします。昼食を持ってくる必要はありません。

参加したい場合は6月2日までに職員室で申し込みをしてください。また、6月10日の午後4時に図書室で行われるミーティングにも出席しなければいけません。

（8） 正解 1

訳 生徒はキャンプに何を持っていく必要があるか。

1 防寒服。

2 初日の昼食。

3 いくらかのお金。

4 バーベキュー用の食べ物。

解説 第1パラグラフ第3文でキャンプの最後の日の夜にバーベキューをすると
あり、第4文でその時に寒くなりそうだから warm clothes（暖かい服）
を持ってくるように指示しているので1が正解。

（9） 正解 3

訳 キャンプに行く学生は…必要がある。

1 泳ぎが上手である

2 6月2日までに250ドルを支払う

3 6月10日のミーティングに行く

4 6月23日に職員室に行く

解説 キャンプに行きたい場合の申し込み方法や必要事項については第3パラグ
ラフで説明されている。第1文で6月2日までに職員室に来ること、続
く第2文で6月10日の the meeting in the library（図書室でのミー
ティング）に来なければならないことが説明されている。第2文の内容と
一致する3が正解。

No. 1

◀ 13

スクリプト　W: Can I help you, sir?

M: Yes. There's a problem with my room.

W: Oh. What's the matter?

1　For three nights.

2　It's very nice.

3　The light is broken.

訳　女性：お客様、何かご用ですか?

男性：はい。私の部屋に問題があるんです。

女性：まあ。どうしたんですか?

正解　3

選択肢の訳　1　3泊です。

2　とても良いですね。

3　照明が壊れているんです。

解説　女性の男性に対する sir (お客様) という呼びかけと、男性の発言中の my room (私の部屋) という語句から、ホテルの受付での会話だと考えられる。女性の What's the matter? (どうしたんですか?) という質問に対する返事として、トラブルを表している 3 が選べる。be broken で「(物) 壊れている、故障している」の意味。

No. 2

スクリプト　**W:** I'm going to the new café across the street.
　M: All right.
　W: Why don't you join me?
　　　1 OK, I'll just get my wallet.
　　　2 No, it's beside the bank.
　　　3 Yes, I made a sandwich.

訳　女性：通りの向こうの新しいカフェに行ってみるわ。
　男性：了解。
　女性：あなたも来ない?

正解　1

選択肢の訳　1 オーケー、財布を取ってくるよ。
　2 いいや、銀行の横だね。
　3 うん、サンドイッチを作ったよ。

解説　Why don't you V? は「V したらどうですか、V しませんか」という意味。女性に一緒にカフェに行こうと誘われた男性の返事として、最初の OK (オーオー) や Yes (うん) や No (いいや) からだけでは正解を絞り込めない。その後の内容を考えて、誘いを受けようとしている 1 を選ぶと自然な会話になる。

No. 3

スクリプト　M: Is there any dessert today, Mom?
　　　　　W: Yes. I made an apple pie.
　　　　　M: Can I have some now?
　　　　　W: No, Bob. You have to wait until dinnertime.
　　　　　Question: What does Bob want to do now?

訳　男性：お母さん、今日はデザートあるの？
　　　女性：ええ。アップルパイを作ったわ。
　　　男性：今少し食べてもいい？
　　　女性：だめよ、ボブ。夕食まで待ちなさい。
　　　質問：ボブは今何をしたいのか。

正解　4

選択肢の訳　1　遊びに出かける。
　　　　　　2　夕食を作る。
　　　　　　3　母親を手伝う。
　　　　　　4　デザートを食べる。

解説　アップルパイを作ったという母親に対して、男の子が Can I have some now?（今少し食べてもいい？）と聞いている。some（少し）とは話題になっているアップルパイのことを指しているので、同じ意味の4が正解。

No. 4

スクリプト　W: Jim, what does your dad do?

M: He's a doctor. How about yours, Becky?

W: He teaches at Weston High School.

M: My brother goes to that school.

Question: Who is a doctor?

訳　女性：ジム、あなたのお父さんは何の仕事をしてるの？

男性：医者なんだ。ベッキー、君のお父さんはどうなの？

女性：ウェストン高校で教師をしてるわ。

男性：僕の弟があの学校に行ってるけど。

質問：医者なのは誰か。

正解　3

選択肢の訳　1 ベッキーの父親。

2 ベッキーの兄弟。

3 ジムの父親。

4 ジムの兄弟。

解説　女性の質問に対して、ジムが He's a doctor（彼は医者なんだ）と答えている。ジムの言う He（彼）とは、女性の質問中の your dad（あなたのお父さん）、つまりジムの父親のことなので、3 が正解。

No. 5

◀17

スクリプト　Now for the weather news. It has been sunny recently, but tomorrow there will be heavy rain until noon. Then, in the afternoon, it will be cloudy.

Question: What will the weather be like tomorrow morning?

訳　では天気予報の時間です。最近は晴れていますが、明日は正午まで大雨になります。そして、午後には曇りになります。

質問：明日の朝の天気はどうなるか。

正解　2

選択肢の訳　1 晴れ。
2 雨。
3 曇り。
4 雪。

解説　明日の天気について話題になっているが、午前と午後の空模様を区別して聞く必要がある。tomorrow morning（明日の朝）については tomorrow there will be heavy rain until noon（明日は正午まで大雨になります）と述べられているので、2 が正解。until noon（正午まで）が morning（朝、午前）と同じ意味だということに気づけるようにしよう。

No. 6

スクリプト Many people thought Simon would play tennis in junior high school because his mother was a famous tennis player. But Simon joined the soccer club. In high school, he wants to try volleyball.
Question: Which club did Simon join in junior high school?

訳 母親が有名なテニス選手だったので、サイモンは中学でテニスをすると多くの人が思っていた。しかし、サイモンはサッカー部に入った。高校では、彼はバレーボールをやってみたいと思っている。
質問：中学校でサイモンはどのクラブに入ったか。

正解 3

選択肢の訳 1 テニス部。
2 卓球部。
3 サッカー部。
4 バレーボール部。

解説 テニスはサイモンの母親がやっていたスポーツで、サイモンが入部したのはサッカー部なので、正解は 3。バレーボールは高校で彼がやってみたいと思っているスポーツで、table tennis（卓球）については言及されていない。junior high school（中学校）の junior や table tennis の table などの単語を聞き逃すと意味を勘違いしてしまうので注意しよう。

DAY 2
ミニ模試

筆記試験・リスニングテスト

今日の課題

[目標解答時間：10 分＋リスニング]

1　次の（1）から（10）までの（　　　）に入れるのに最も適切なものを 1, 2, 3, 4 の中から一つ選びなさい。

（1）　A: You have a beautiful home, Clara.
　　　B: Thank you. My father (　　　) it.

　　　　1 designed　**2** brought　**3** shared　**4** wrote

（2）　Steven's father makes very good pizza. He is a (　　　) at an Italian restaurant.

　　　　1 guide　**2** florist　**3** chef　**4** hairdresser

（3）　Karen's house is bigger than (　　　) other house on her street.

　　　　1 own　**2** whole　**3** any　**4** much

（4）　A: Before you (　　　) the street, always look left and right to check for cars.
　　　B: Yes, Dad.

　　　　1 break　**2** cross　**3** put　**4** lend

（5）　This clock was made early in the 20th (　　　), so it's about 100 years old.

　　　　1 area　**2** century　**3** moment　**4** tournament

（6）　A: Do you like to go fishing?
　　　B: No, I think fishing is (　　　).

　　　　1 boring　**2** exciting　**3** enjoyable　**4** glad

（7） A: Bob, could you give me a (　　　　　)? I have to move this desk.

B: Sure.

1 face　　　**2** hand　　　**3** finger　　　**4** head

（8） A: Susan will graduate from nursing school next month.

B: I know. She really wants to be a nurse, and now her dream will (　　　　) true at last.

1 come　　　**2** get　　　**3** go　　　**4** have

（9） A: When (　　　　　) your violin lesson start, Nancy?

B: At five, Dad.

1 is　　　**2** are　　　**3** do　　　**4** does

（10） Simon needs a new bike. His old bike was (　　　　).

1 steal　　　**2** stole　　　**3** stolen　　　**4** stealing

次の掲示の内容に関して、(11)と (12)の質問に対する答えとして最も適切なもの、または文を完成させるのに最も適切なものを 1, 2, 3, 4 の中から一つ選びなさい。

Come to Brownsville Church's Charity Event and Help Sick Children!

Are you looking for clothes or toys for your children? You'll find these things and much more at Brownsville Church's charity event!

Date: Saturday, November 23
Time: 10 a.m. − 4 p.m.
Place: Brownsville Field, 130 Johnson Street (behind the post office)

If it rains, the event will be held in the city hall.

We need your support. We'll send all the money from this event to a children's hospital in India.

To find out more about the event, please check our website below:
www.brownsvillechurch.org

(11) If it doesn't rain, the event will be held

    1 in the city hall.

    2 in front of the post office.

    3 behind Brownsville Church.

    4 at Brownsville Field.

(12) Why is the church having the event?

    1 To build a hospital in Brownsville.

    2 To buy clothes for children in Brownsville.

    3 To collect money for sick children in India.

    4 To send toys to a city hall in India.

リスニングテスト

🔊 19 >>> 20

第1部 イラストを参考にしながら対話と応答を聞き、最も適切な応答を 1, 2, 3 の中から一つ選びなさい。英文は一度だけ放送されます。

No. 1

No. 2

🔊 21 >>> 22

第2部 対話と質問を聞き、その答えとして最も適切なものを 1, 2, 3, 4 の中から一つ選びなさい。英文は二度ずつ放送されます。

No. 3
1 At Jim's family's house.
2 At Jim's friend's house.
3 At a supermarket.
4 At a restaurant.

No. 4
1 Once.
2 Twice.
3 Three times.
4 Four times.

第3部 英文と質問を聞き、その答えとして最も適切なものを 1, 2, 3, 4 の中から一つ選びなさい。英文は二度ずつ放送されます。

No. 5

1 A Christmas card.
2 A wallet.
3 Some sunglasses.
4 Some socks.

No. 6

1 He is a good artist.
2 He works in a museum.
3 He teaches art every day.
4 He buys many paintings.

■ 正解一覧

筆記試験

1

(1)	(2)	(3)	(4)	(5)
1	3	3	2	2

(6)	(7)	(8)	(9)	(10)
1	2	1	4	3

2

(11)	(12)
4	3

リスニングテスト

1

No. 1	No. 2
1	1

2

No. 3	No. 4
1	1

3

No. 5	No. 6
4	1

■ 訳と解説

筆記 1 短文の語句空所補充

(1) 正解 **1**

訳 A：クララ、綺麗な家だね。

B：ありがとう。私のお父さんが設計したのよ。

1 設計した　　**2** 持ってきた　　**3** 共有した　　**4** 書いた

解説 A が B の家を beautiful（綺麗）だとほめている。美しさに直接関係がある要素として design（設計）が考えられるので、1 designed（設計した）が正解。share a house だと「同じ家に住む、共同生活をする」の意味なので、3 では会話が成り立たない。

(2) 正解 **3**

訳 スティーブンの父親はとてもおいしいピザを作る。彼はイタリアンレストランのシェフだ。

1 ガイド　　**2** 花屋　　**3** シェフ　　**4** 美容師

解説 第 1 文に Steven's father makes very good pizza（スティーブンの父親はとてもおいしいピザを作る）とある。その理由として彼がプロの料理人であることが考えられ、restaurant（レストラン）という語との相性からしても 3 が選べるだろう。

（3） **正解** 3

訳 カレンの家は彼女の通りにある他のどの家よりも大きい。

　　　1 ～自身の　　　2 全体　　　3 どの　　　　4 たくさん

解説 bigger は big の比較級で、bigger than ～で「～よりも大きい」の意味。さらに bigger than any other ～とすれば「他のどの～よりも大きい」の意味になるので、3 any（どの）を選ぶ。文全体の意味は Karen's house is the biggest of all the houses on her street（カレンの家は彼女の通りにあるすべての家の中で最も大きい）とほぼ同じだ。

（4） **正解** 2

訳 A：通りを渡る前に、必ず左右を見て車をチェックしなさい。
　　　B：はい、お父さん。

　　　1 壊す　　　2 渡る　　　3 置く　　　4 貸す

解説 A の発言の look left and right（左右を見る）と check for cars（車をチェックする）が常識的にいってどの段階でやる動作なのかを考える。道を「渡る」前にすることだとすれば文の意味が通るので、2 が正解。

（5） **正解** 2

訳 この時計は 20 世紀初頭に作られたものなので、約 100 年前のものだ。

　　　1 地域　　　2 世紀　　　3 瞬間　　　4 トーナメント

解説 文の後半で時計について it's about 100 years old（約 100 年前のものだ）と書かれている。100 年前とほぼ同じ意味の表現として「20 世紀初頭」となるように 2 century（世紀）を選ぶ。

(6) 正解 1

訳 A：釣りに行くのは好きなの？
B：いいや、釣りはつまらないと思う。

　1 つまらない　　2 わくわくする　　3 楽しい　　4 うれしい

解説 釣りに行くのが好きかと聞かれて、B は No（いいや）と答えている。釣りのことを良く思っていないはずなので、否定的な意味の 1 boring（つまらない）を選ぶ。

(7) 正解 2

訳 A：ボブ、手を貸してくれない？ この机を動かさないといけないの。
B：もちろんだよ。

　1 顔　　　　　2 手　　　　3 指　　　　4 頭

解説 空所に続く文で、I have to move this desk（この机を動かさないといけない）と A は言っている。その手伝いをして欲しいのだと考えられるので 2 を入れて give me a hand（私に手を貸す）とすれば良い。

(8) 正解 1

訳 A：スーザンは来月看護学校を卒業するのよ。
B：知ってるよ。彼女は本当に看護師になりたがっていて、やっと夢が実現するんだね。

　1 come　　　2 get　　　3 go　　　4 have

解説 A はスーザンについて看護学校を graduate（卒業する）予定だと言っている。B の She really wants to be a nurse（彼女は本当に看護師になりたがっている）という発言を考えると、彼女の夢が近い将来叶うということだ。1 を選んで come true（実現する）とする。

(9) 正解 4

訳 A：バイオリンのレッスンはいつ始まるんだい、ナンシー？
B：5時よ、パパ。

1 is　　　　**2** are　　　　**3** do　　　　**4** does

解説 疑問詞 When（いつ）で文が始まっているので、疑問文の形を作れば良い。一般動詞 start（始まる）があるため何らかの形の助動詞 do を空所に入れる必要があるが、主語の violin lesson（バイオリンのレッスン）に合わせて 3 人称単数現在形の does を選ぶ。

(10) 正解 3

訳 サイモンは新しい自転車が必要だ。彼の古い自転車が盗まれたからだ。

1 steal　　　　**2** stole　　　　**3** stolen　　　　**4** stealing

解説 第 1 文に Simon needs a new bike（サイモンは新しい自転車が必要だ）とあるので、今は自転車を持っていないということだ。彼の自転車が盗まれたという内容なら前の文とうまくつながるので、「～された」という受け身の意味を出すために steal（盗む）の過去分詞 3 stolen を選ぶ。

ブラウンズヴィル教会のチャリティーイベントに来て
病気の子供たちを助けましょう!

お子さん用の服やおもちゃをお探しですか? ブラウンズヴィル教会のチャリティーイベントなら、こうしたものや他にもいろんなものが見つかりますよ。

日付：11 月 23 日（土）
時間：午前 10 時－午後 4 時
場所：ブラウンズヴィル競技場、ジョンソン通り 130 番地（郵便局後ろ）

雨天の場合、イベントは市役所で開催されます。

みなさんのご支援が必要です。このイベントの収益金は
すべてインドの小児病院に送られます。

イベントの詳細については、以下の Web サイトをご参照ください。
www.brownsvillechurch.org

(11)　**正解**　4

訳　雨が降らなければ、…でイベントが開催される。

1 市役所
2 郵便局の前
3 ブラウンズヴィル教会の裏手
4 ブラウンズヴィル競技場

解説　Place（場所）について最初に Brownsville Field（ブラウンズヴィル競技場）とあるが、その後に If it rains, the event will be held in the city hall（雨天の場合、イベントは市役所で開催されます）と続いている。雨が降らない場合を問われているので 4 が正解。

(12)　**正解**　3

訳　教会はなぜこのイベントを開催しているのか。

1 ブラウンズヴィルに病院を建設するため。
2 ブラウンズヴィルで子ども用の服を買うため。
3 インドの病気の子どもたちのためにお金を集めるため。
4 おもちゃをインドの市役所に送るため。

解説　日時や場所などの詳細についての後で、このイベントで集めたすべてのお金を a children's hospital in India（インドの小児病院）に送ると書かれているので、同じ内容の 3 が正解。

ミニ模試［解答・解説］

DAY 1

DAY 2

DAY 3

DAY 4

DAY 5

DAY 6

DAY 7

DAY 8

DAY 9

DAY 10

No. 1

◀19

スクリプト
W: What are you doing, Tim?
M: I'm writing a report for my science class.
W: How long will it take?
   1 I'm almost finished.
   2 She's a good teacher.
   3 It's about spiders.

訳
女性：ティム、何をしているの？
男性：理科の授業のレポートを書いてるんだ。
女性：どれぐらいかかる？

正解 1

選択肢の訳
1 もうすぐ終わりだよ。
2 彼女はいい先生だよ。
3 クモについてだよ。

解説 女性の How long will it take? (どのぐらいかかりますか) という質問に対し、具体的な期間を示している選択肢はない。しかし、時間があまりかからないという内容の1なら会話が成立する。

No. 2

スクリプト **M:** I'll make lunch today.

W: Great, thanks.

M: What do you want to have?

1 Something hot.

2 I've never eaten it.

3 It sounds good.

訳 **男性**：今日は僕が昼食を作るよ。

女性：それは助かるわ、ありがとう。

男性：何が食べたい？

正解 1

選択肢の訳 1 何か温かいものね。

2 それは食べたことないわ。

3 それは良さそうね。

解説 自分が料理すると言っている男性が女性に What do you want to have?
（何が食べたい？）と尋ねている。直接的に食べたいものを答えている 1 が正
解。2 も 3 も it（それ）が何を指しているのか文脈から推測できない。

No. 3

◀21

スクリプト　**M:** Why did you buy so much food, Mom?

W: Tomorrow is your grandmother's birthday party, Jim.

M: I thought we were going to a restaurant.

W: No, Grandma wants to have the party at our house.

Question: Where will the party be?

訳　男性：どうしてそんなにたくさん食べ物を買ったの、ママ？

女性：明日はおばあちゃんの誕生日パーティーじゃない、ジム。

男性：レストランに行くんだと思ってた。

女性：違うわ、おばあちゃんは私たちの家でパーティーをしたがっているのよ。

質問：パーティーはどこで開かれるか。

正解　1

選択肢の訳　1　ジムの家族の家で。

2　ジムの友人の家で。

3　スーパーで。

4　レストランで。

解説　ジムと彼の母親との会話だ。話題はジムのおばあちゃんの誕生日パーティーだが、母親が最後に Grandma wants to have the party at our house（おばあちゃんは私たちの家でパーティーをしたがっている）と言っているので、1 が正解。

No. 4

スクリプト W: Have you ever been abroad?

M: Yes. I've been to Singapore twice and India once.

W: Wow. How long did you stay in India?

M: For three weeks.

Question: How many times has the man been to India?

訳 女性：海外に行ったことはある？

男性：うん。シンガポールに2回、インドに1回行ったことがあるよ。

女性：まあ。インドにはどれくらい滞在したの？

男性：3週間だね。

質問：男性はインドに何回行ったことがありますか？

正解 1

選択肢の訳 1 1回。

2 2回。

3 3回。

4 4回。

解説 男性のインドでの滞在期間は3週間であるが、問われているのは彼のインドへの訪問回数だ。I've been to Singapore twice and India once（シンガポールに2回、インドに1回行ったことがある）という発言を根拠に1を選ぶ。

「ミニ」模試［解答・解説］

DAY 1

DAY 2

DAY 3

DAY 4

DAY 5

DAY 6

DAY 7

DAY 8

DAY 9

DAY 10

No. 5

◀23

スクリプト Jenny got $20 for Christmas from her uncle. She wanted to buy some sunglasses, but they were too expensive. She found some cute socks, so she got them instead.

Question: What did Jenny buy?

訳 ジェニーは叔父さんからクリスマスに20ドルをもらった。買いたいサングラスがあったのだが、値段があまりにも高かった。かわいい靴下を見つけたので、それらをかわりに手に入れた。

質問：ジェニーは何を買ったか。

正解 4

選択肢の訳 1 クリスマスカード。

2 財布。

3 サングラス。

4 靴下。

解説 最初にジェニーが買いたかったのはサングラスだが、they were too expensive（それら＝サングラスは値段があまりにも高かった）とあるのでこれはあきらめたのだと考えられる。結局は She found some cute socks, so she got them instead（かわいい靴下を見つけたので、それらをかわりに手に入れた）ということなので、4が正解。

No. 6

スクリプト My dad is very good at art. He paints pictures for two or three hours almost every day. One of his paintings is in the city art museum.

Question: What does the girl say about her father?

訳 私のお父さんは美術がとても得意だ。彼はほぼ毎日2、3時間絵を描いている。彼の絵の1つは市の美術館にある。

質問：少女は自分の父親について何と言っているか。

正解 1

選択肢の訳 1 彼はいい芸術家だ。

2 彼は美術館で働いている。

3 彼は毎日美術を教えている。

4 彼はたくさんの絵を買う。

解説 まず冒頭の My dad is very good at art（私のお父さんは美術がとても得意だ）という文から話題をしっかり押さえよう。補足情報として One of his paintings is in the city art museum（彼の絵の1つは市の美術館にある）と述べられているので、同じ内容なのは1だ。

英検では簡単な動詞を含んだ表現についての問題がよく出題されます。間違いやすい基本動詞の使い分けを問うクイズに挑戦して、得点力アップをはかりましょう。日本語の意味に合うように枠の中から動詞を1つ選んで下の文の空所に入れてください。必要に応じて適切な形に直しましょう。

bring	come	get	give	go	have
keep	look	make	put	see	take

1 何か問題がある時は私に電話してください。

Please _____ me a call when you have any problems.

2 私の留守中ティムに自分のネコを世話するように頼んだ。

I asked Tim to _____ after my cat while I was away.

3 ケンはオーストラリア出身の男の子と友達になった。

Ken _____ friends with a boy from Australia.

4 私の祖父はたいてい朝早くに散歩する。

My grandfather usually _____ a walk early in the morning.

5 ジムはお兄さんを見送るために空港へ行った。

Jim went to the airport to _____ his brother off.

6 セーラはイングランドで生まれたがアメリカで育った。

Sarah was born in England but was _____ up in the United States.

7 マイクの叔父さんは3時に東京に到着するだろう。

Mike's uncle will _____ to Tokyo at 3 o'clock.

8 私たちのチームは次の週末にパーティーをする計画をしている。

Our team are planning to _____ a party next weekend.

答え | **1** give **2** look **3** made **4** takes / has **5** see **6** brought **7** get **8** have

DAY 3
ミニ模試

英作文

［目標解答時間：15分］

英作文

- あなたは、外国人の友達から以下の QUESTION をされました。
- QUESTION について、あなたの考えとその<u>理由を 2 つ</u>英文で書きなさい。
- 語数の目安は 25 語〜 35 語です。
- 解答が QUESTION に対応していないと判断された場合は、<u>0 点と採点されること</u>が<u>あります。</u>QUESTION をよく読んでから答えてください。

QUESTION
Which do you like better, reading books or playing video games?

　　「早わかりガイド」では、英作文問題の採点基準と取り組む手順を確認してから、実際に解答を作成していただきました。今日から 2 日おきに演習をこなしていきます。もしも解答の 3 つの Step を思い出せないようなら「早わかりガイド」を読み返して手順を確認してください。トレーニング 1 で「内容」と「構成」に注意を払いながら解答を作成したら、トレーニング 2 で「文法」と「語い」の強化に取り組みましょう。

MEMO

■ トレーニング1

　いきなり英語で書き始めようとしても行き詰まってしまいます。3つのStepで着実に解答を作成していきましょう。高評価される解答にするには、問題の指示を確認しながら内容について考え、決まったパターンの英文を書くのが鉄則です。

Step 1 自分の意見を決めよう！

　英作文の問題では、必ず「あなたの考え」を書くように指示されます。この問題で問われているのは、reading books（読書）とplaying video games（テレビゲームをすること）の2つのうちどちらの方が好きかです。直感で構いませんので、どちらか1つを選びましょう。

QUESTION

Which do you like better, reading books or playing video games?

質問の訳

あなたは読書とテレビゲームをすることのどちらの方が好きですか。

Step 2 構想を考える

　問題の指示文には、あなたの考えについて「その<u>理由を2つ</u>」書くようにとあります。**Step 1** で選んだ自分の意見の理由を少し多めに5つ挙げてみましょう。この段階では日本語で構いません。

●「＿＿＿＿＿＿＿　の方が好きだ」

理由

1

2

3

4

5

Step 2 の記入例

Step 1 で決めた自分の意見について、その理由を 5 つ挙げられましたか？ reading books（読書）と video games（テレビゲーム）の両方の場合で、選ぶ理由として考えられるものを下に 10 個列挙します。皆さんが考えた理由やそれに近いものを探してみましょう。

● 「読書の方が好きだ」の場合

理由

1 ストレス解消
2 想像力が養われる
3 脳が活性化
4 日常生活に役立つ教訓を得られる
5 色々なものの見方を得られる
6 言葉の勉強に役立つ
7 多くの知識を身に付けることができる
8 ひとりでも楽しめる
9 全く別の世界に行くことがとっても楽しい
10 会話力も上がる

● 「テレビゲームの方が好きだ」の場合

理由

1 ストレス解消
2 みんなで楽しめる
3 コミュニケーションツールとして便利
4 脳の瞬発力がつく
5 運動にも役立つ
6 複雑な操作を学ぶことで理解力がつく
7 ゲームのルールを覚えることを通じて記憶力が高まる
8 ひとりでも楽しめる
9 学びにも役立つ
10 プログラミングに興味を持つ場合もある

　最後に、「早わかりガイド」で説明したパターン通りに英語で解答を作ります。解答に必要な文の数は４つでしたね。定型文と定型表現を使いながら、 Step 1 と Step 2 で考えた内容を埋めて自分の解答を完成させましょう。

第 1 文 自分の意見

I like ＿＿＿＿＿＿＿＿ better than ＿＿＿＿＿＿＿.

第 2 文 理由は２つ

I have two reasons.

第 3 文 理由 1

First, ＿＿＿＿＿＿＿＿＿＿＿＿＿＿＿＿＿＿＿＿＿＿＿＿＿＿＿＿＿＿＿＿.

第 4 文 理由 2

Second, ＿＿＿＿＿＿＿＿＿＿＿＿＿＿＿＿＿＿＿＿＿＿＿＿＿＿＿＿＿＿.

Step 3 の記入例

　2つの意見で書かれた解答例を見てみましょう。　**Step 2** で挙げられた理由の中から2つを採用して書かれています。シンプルな表現だけでもきちんと解答できるんだ、ということを確認してください。

●「読書の方が好きだ」の場合

| 解答例 |（理由6と2）

I like reading books better than playing video games. I have two reasons. First, I can learn many new words from books. Second, reading books makes me imaginative because they have no sounds or pictures.（35語）

| 解答例訳 |

私はテレビゲームをするよりも読書の方が好きです。理由が2つあります。第1に、本から多くの新しい言葉を学ぶことができます。第2に、本には音も写真もないので、読書は私を想像力豊かにしてくれます。

●「テレビゲームの方が好きだ」の場合

| 解答例 |（理由4と2）

I like playing video games better than reading books. I have two reasons. First, playing video games makes my brain quick and fast. Second, I can enjoy playing video games online with my friends, too.（35語）

| 解答例訳 |

私は読書よりテレビゲームをする方が好きです。理由が2つあります。第1に、テレビゲームをすることは、私の脳を早く動かしてくれます。第2に、テレビゲームを、友達とオンラインで楽しむこともできます。

トレーニング 1 では 3 つの Step で決められたパターンに従って解答を作成してみました。そうすることで「内容」と「構成」の採点基準を満たした解答が出来上がったはずです。ここでは 1 つ 1 つの英文を作る訓練をしましょう。左ページの文は Step 2 で列挙した理由に文字数を稼ぐために内容的な肉付けをしたものです。これを見て右ページの英語の文がすぐに書けるようになるまで何度も練習しましょう。POINT では表現や文法に関する要点を説明しましたので、残りの採点基準である「語い」と「文法」についても意識して取り組みましょう。

● 「読書の方が好きだ」の場合

1 読書は私の気分、特に悪い気分を変えてくれる。

2 音や画像がないので、読書は私を想像力豊かにしてくれる。

3 いくつかの本には難しい文章があり、私の脳を目覚めさせる。

4 私は毎日の生活に役立つ教訓を本から得られる。

1 Reading changes my mood, especially a bad mood.

POINT

「気分」に当たる語は feeling や mood など。109 ページの理由**1**「ストレス解消」を「悪い気分を変える」と言い換えている。

2 Reading books makes me imaginative because they have no sounds or pictures.

POINT

make OC「O（目的語）を C（補語）にする」。no の部分を not ... any ~と言い換えても良い。reading books は読書という行為そのものなので、数えられない。三単現の s を忘れないこと。

3 Some books have difficult passages, and they wake up my brain.

POINT

109 ページの理由**3**「脳が活性化」をより簡単な表現で言い換えて、「私の脳を目覚めさせる」としている。

4 I can get useful lessons for my everyday life from books.

POINT

lesson には「授業」の他に「教訓」という意味もある。日常生活は everyday life と言う。

5 物語の中の様々な登場人物から、私は様々なものの見方を学ぶことができる。

6 私はたくさんの新しい言葉を本から学ぶことができる。

7 私は歴史や科学など、たくさんのことを本から学ぶことができる。

8 私は読書をたったひとりで楽しむことができる。

9 良い物語を読むことは私を別の素晴らしい世界へ連れて行ってくれる。

10 登場人物の会話を読むことは私の会話力にも役立つ。

5 I can learn many kinds of views from many kinds of characters in a story.

POINT
many kinds of ~「多くの種類の~」。view「見解、ものの見方」。「(物語の)登場人物」は character。

6 I can learn a lot of new words from books.

POINT
a lot of ~「たくさんの~」。word は可算名詞なので、複数形で書くことに注意しよう。

7 I can learn a lot about history, science and more from books.

POINT
a lot は「多くの物事」という意味で名詞として使うことができるので、a lot of things と書く必要はない。a lot about ~「~について多くのこと」は便利な表現なので覚えておこう。

8 I can enjoy reading books only by myself.

POINT
by oneself「ひとりで」。テレビゲームもひとりでできるので、他に理由が思いつけば、そちらを選んだ方が良いだろう。

9 Reading a good story takes me to another wonderful world.

POINT
I can go to another wonderful world when I read a good story. としても良いだろう。とにかく難しい表現は基本的な動作で言い換えて表現してみよう。

10 Reading the talk of the characters in a story is helpful to my conversation skills.

POINT
be helpful「役立つ」や help to V「V するのに役立つ」は覚えておくと良い。「~にとってよい」と言いたい場合に広く使える便利な表現である。

● 「テレビゲームの方が好きだ」の場合

1　テレビゲームをすることは私の気分、特に悪い気分を変えてくれる。

2　私はオンラインで友達とテレビゲームを楽しむことができる。

3　私はテレビゲームをしているときは、コミュニケーションがしやすい。

4　テレビゲームをすることが私の脳を速くしてくれる。

5　家にいなければならないとき、私はゲームでエクササイズをすることができる。

6　テレビゲームの中にはプレイが難しいものもあるから、私を賢くしてくれる。

1 Playing video games changes my mood, especially a bad mood.

> POINT
> 「気分」に当たる語は **feeling** や **mood** など。109 ページの理由**1**「ストレス解消」を「悪い気分を変える」と言い換えている。

2 I can enjoy playing video games online with my friends.

> POINT
> **online**「オンラインで」。この語は単独で動詞を修飾する。

3 It's easier to communicate when I play video games.

> POINT
> 仮主語の構文で **It** は **to** 以下を指している。「〜すると」とか「〜したら」は **when SV** で置き換えると自然な表現になることが多い（S は主語）。

4 Playing video games makes my brain quick and fast.

> POINT
> **make O C**「O を C にする」。英語は似た意味の言葉を 2 つ並べる性質を持っている。ここでは「速く」を **quick and fast** とした。

5 I can exercise with a game when I have to stay at home.

> POINT
> 教科書の練習問題を **exercise** と言うのを知っている人は多いだろう。この語には「運動」という意味もあり、「運動する」の意味の動詞にもなる。

6 Because some of the video games are hard to play, they make me smarter.

> POINT
> **be hard to V**「V するのが難しい」。形容詞 **smart** の「賢い」の意味も覚えておこう。

7 難しいルールを覚えることで、私の記憶力が上がる。

8 私はテレビゲームをたったひとりで楽しむことができる。

9 私はテレビゲームをすることを通じて科学技術や歴史などを学ぶことができる。

10 私はプログラミングなど、テレビゲームをすることを通じて新しい興味を持つことができる。

7 Remembering the difficult rules is good for my memory.

POINT remember は「思い出す」だけでなく「覚える」の意味もある。memory「記憶」。

8 I can enjoy playing video games only by myself.

POINT by oneself「ひとりで」。読書もひとりでできるので、他に理由が思いつけば、そちら を選んだ方が良いだろう。

9 I can learn about technology, history and so on through playing video games.

POINT and so on「などなど」。ゲームの学習効果は最近新聞やニュースでも取り上げられて いる。説得力のある理由になるだろう。

10 I can get a new interest through playing video games, such as programming.

POINT interest「関心」。programming「プログラミング」。such as ~「~のような」。

英検では簡単な動詞を含んだ表現についての問題がよく出題されます。間違いやすい基本動詞の使い分けを問うクイズに挑戦して、得点力アップをはかりましょう。日本語の意味に合うように枠の中から動詞を1つ選んで下の文の空所に入れてください。必要に応じて適切な形に直しましょう。

| bring | come | get | give | go | have |
| keep | look | make | put | see | take |

1 さあ急いで！ 私たち電車に遅れるわよ。

_____ on! We will be late for the train.

2 メアリーは「さようなら」と言ってその場から立ち去った。

Mary said "Goodbye" and _____ away from the place.

3 寝る前にロウソクの火を消しなさい。

_____ out the candle before you go to bed.

4 母が私たちの庭の植物の世話をしている。

My mother _____ care of the plants in our garden.

5 そのレストランは経験者を探している。

The restaurant is _____ for someone with experience.

6 ジムはフランスで働いていた時に苦労した。

Jim _____ a hard time while he worked in France.

7 私たちの野球チームは先週末試合をするために集まった。

Our baseball team _____ together for a game last weekend.

8 セーラをからかうべきじゃない。彼女は本当に怒るよ。

You should not _____ fun of Sarah. She will get really angry.

答え **1** Come **2** went **3** Put **4** takes **5** looking **6** had **7** got **8** make

DAY 4
ミニ模試

筆記試験・リスニングテスト

今日の課題

[目標解答時間：10 分＋リスニング]

目標解答時間 ＞ 10分

1 次の（1）から（5）までの（　　　）に入れるのに最も適切なものを 1, 2, 3, 4
の中から一つ選びなさい。

（1） A: Mom, that box is really big. I'll (　　　) it for you.
　　　 B: Oh, thank you, Edward.

　　　 1 enter　　　 **2** guess　　　 **3** believe　　　 **4** carry

（2） A: Did you hear about Tony's skiing (　　　)?
　　　 B: Yes. He has a broken leg.

　　　 1 type　　　 **2** accident　　　 **3** environment　　　 **4** horizon

（3） A: What's the (　　　), Shelly?
　　　 B: I lost my purse.

　　　 1 horizon　　　 **2** matter　　　 **3** difference　　　 **4** figure

（4） A: Jackie looks a little sad these days.
　　　 B: Let's visit her and try to (　　　) her up.

　　　 1 leave　　　 **2** let　　　 **3** please　　　 **4** cheer

（5） A: Sean is always late, (　　　) he?
　　　 B: Yes. One time I waited two hours for him.

　　　 1 didn't　　　 **2** isn't　　　 **3** couldn't　　　 **4** hasn't

2 次の (6) から (7) までの会話について、(　　　　) に入れるのに最も適切なものを 1, 2, 3, 4 の中から一つ選びなさい。

(6)　　Man: I'm going for lunch now.

　　Woman: Me, too. I'm going to get a sandwich. (　　　　)

　　Man: I feel like eating noodles.

　　　1 What about you?

　　　2 What do we have?

　　　3 Why do you think so?

　　　4 Why are you here?

(7)　Girl: I've never seen this comic book before. Where did you get it?

　　Boy: (　　　　) but it's sold at Ashley's Bookstore, too.

　　　1 You should read it,

　　　2 I bought it on the Internet,

　　　3 It was only five dollars,

　　　4 I left it at school,

次の E メールの内容に関して、(8)から (10)までの質問に対する答えとして最も
適切なものを 1, 2, 3, 4 の中から一つ選びなさい。

From: Mike Costello
To: Rose Costello
Date: June 25
Subject: New idea

Hi Grandma,

How are you? School finished last week, so I'm on summer
vacation now. I play video games or go swimming at the pool
every day. I asked Dad for some money to buy some new games,
but he said no. He said I should find a part-time job. I'm 17 years
old now, so I guess he's right. Anyway, I have an idea. I've decided
to start my own business. I'm going to wash people's cars. I'll
visit their houses and wash each car for $10. I've already asked
some of Mom and Dad's friends, and they said they're interested.
How about you, Grandma? Would you like me to wash your car
sometime?

Love,

Mike

From: Rose Costello
To: Mike Costello
Date: June 25
Subject: This Saturday

Hello Mike,

Thank you for your e-mail. I'm glad to hear you're enjoying your summer vacation. Your mother called yesterday. She said she's worried because you didn't do well on your last math test. I'm sure you'll do better next time. That's a great idea for a business. Could you come and wash my car for me? Your grandfather usually does it, but he's getting old. It's very hard for him to do it these days. You can come and wash it once a month. Could you come this Saturday at noon? I'll pay you, of course, but I'd also like to make you something to eat for lunch. How about tuna and cheese sandwiches? Please call me by Friday night and let me know.

Love,

Grandma

(8) What was Mike's problem at first?

1 His father didn't give him money.
2 He was too busy to find a new job.
3 He didn't like his job at the pool.
4 He couldn't swim well.

(9) What did Mike's mother say about Mike?

1 He doesn't want to work for a famous car company.
2 His favorite subject at school is math.
3 He wants to go to a driving school this summer.
4 He didn't get a good score on his math test.

(10) This Saturday, Mike's grandmother wants Mike to

1 wash her car.
2 make sandwiches.
3 call his grandfather.
4 drive her to the store.

リスニングテスト

◀ 25 >>> 26

| 第1部 | イラストを参考にしながら対話と応答を聞き、最も適切な応答を 1, 2, 3 の中から一つ選びなさい。英文は一度だけ放送されます。 |

No. 1

No. 2

◀ 27 >>> 28

| 第2部 | 対話と質問を聞き、その答えとして最も適切なものを 1, 2, 3, 4 の中から一つ選びなさい。英文は二度ずつ放送されます。 |

No. 3
1 At 3:00.
2 At 5:00.
3 At 5:30.
4 At 7:00.

No. 4
1 This morning.
2 This afternoon.
3 Tomorrow morning.
4 Tomorrow afternoon.

ミニ模試

DAY 1
DAY 2
DAY 3
DAY 4
DAY 5
DAY 6
DAY 7
DAY 8
DAY 9
DAY 10

第3部 英文と質問を聞き、その答えとして最も適切なものを 1, 2, 3, 4 の中から一つ選びなさい。英文は二度ずつ放送されます。

No. 5

1 A cat.
2 A dog.
3 A mouse.
4 A rabbit.

No. 6

1 He was angry with Sarah.
2 He had to go to work.
3 He didn't know anyone there.
4 He wasn't feeling well.

■ 正解一覧

筆記試験

1	（1）	（2）	（3）	（4）	（5）
	4	2	2	4	2

2	（6）	（7）
	1	2

3	（8）	（9）	（10）
	1	4	1

リスニングテスト

1	No. 1	No. 2
	1	1

2	No. 3	No. 4
	4	2

3	No. 5	No. 6
	3	4

■ 訳と解説

筆記 1 短文の語句空所補充

（1） 正解 **4**

訳 A：お母さん、あの箱は本当に大きいね。運んであげるよ。
B：あら、エドワード、ありがとう。

1 入れる　　2 推測する　　3 信じる　　4 運ぶ

解説 A がお母さんに向かって、あの箱は really big（本当に大きい）と言っている。そのため、お母さんのためにしてあげることはその箱を carry（運ぶ）ことだと考えられるので、4 が正解。

（2） 正解 **2**

訳 A：トニーがスキーの事故に遭ったことについて聞きましたか?
B：はい。彼は足を骨折したんだ。

1 種類　　2 事故　　3 環境　　4 地平線

解説 B がトニーについて a broken leg（足を骨折した）と述べているので、彼がスキーの accident（事故）にあったと考えて 2 を選ぶ。英語で ski は「スキーをする」という意味の動詞で、名詞の「スキー」はこの文のように skiing という形になる。

（3） 正解　2

訳　A：どうしたの、シェリー？
　　B：財布をなくしたわ。

1 地平線　　**2** 問題　　**3** 違い　　**4** 数字

解説　B が I lost my purse（財布をなくした）と答えているので、A は B の抱えている問題について質問したのだと考えられる。What's the matter (with A)? あるいは What's wrong (with A)? で「(A は) どうしたのですか」「(A の) 何が問題なのですか」という意味。

（4） 正解　4

訳　A：ジャッキーは最近少し悲しそうだね。
　　B：彼女の家に行って元気づけましょうよ。

1 離れる　　**2** 〜させる　　**3** 喜ばせる　　**4** 応援する

解説　A がジャッキーについて a little sad（少し悲しい）という様子だと述べているので、そんな彼女の所に行ってすることとして 4 を選んで cheer 〜 up（〜を励ます）とすれば良い。動詞 please は「〜を喜ばす」の意味だが、up は不要だ。

（5） 正解　2

訳　A：ショーンはいつも遅刻しているんじゃない？
　　B：ええ。私は一度 2 時間も彼のことを待ったわ。

1 didn't　　**2** isn't　　**3** couldn't　　**4** hasn't

解説　「〜だよね」と念を押すための付加疑問文にすればよい。動詞の種類と時制に合わせて肯定と否定を逆にして表す。この文の動詞は is なので、2 isn't が正解。

筆記2 会話文の文空所補充

（6） 正解 1

訳 男性：今昼食に行くところなんだ。
女性：私もよ。サンドイッチを食べに行こうと思っているの。（　　　　　）
男性：麺を食べたい気分だね。

1 あなたはどう?
2 私たちは何を持っているの?
3 どうしてそう思うの?
4 あなたはなぜここにいるの?

解説 昼食に a sandwich（サンドイッチ）を食べるつもりだという女性に対して、男性は noodles（麺）を食べたいと答えているので、女性は男性に昼食に何を食べるつもりなのかという趣旨の質問をしているはずだ。How about ~? あるいは What about ~? で「~はどうですか?」という意味。

（7） 正解 2

訳 少女：この漫画の本、前に見たことないわ。どこで手に入れたの?
少年：（　　　　　）けど、アシュリー書店でも売っているよ。

1 君はそれを読むべきだ
2 インターネットで買った
3 たった5ドルだった
4 学校に置いてきた

解説 空所の後に but（しかし）と続いていて、漫画の本について it's sold at Ashley's Bookstore, too（アシュリー書店でも売っている）と少年が言っている。同じ漫画の本の他の入手方法について述べているはずなので、2が正解。

送信者：マイク・コステロ

宛先：ローズ・コステロ

日付：6月25日

件名：新しいアイディア

おばあちゃんへ、

元気ですか？ 先週学校が終わったので、今は夏休みです。毎日ビデオゲームをするか、プールに泳ぎに行ってます。新しいゲームをいくつか買いたいのでお父さんに少しお金をもらえないか頼んでみたら、だめだと言われました。僕はアルバイトの仕事を見つけるべきだと言っていました。もう17歳なので、その通りだと思います。それで、あることを思いつきました。自分の仕事を始めることにしたんです。他の人の車を洗車しようと思います。家を訪ねて行って1台10ドルで洗車するんです。すでにママとパパの友達の何人かに聞いてみたんだけど、興味を示してくれました。おばあちゃんはどうですか？ いつか僕に洗車してもらいたいですか？

じゃあね。

マイク

送信者：ローズ・コステロ

宛先：マイク・コステロ

日付：6月25日

件名：今週の土曜日

マイクへ、

メールありがとう。夏休みを楽しんでいると聞いてうれしく思います。昨日あなたのお母さんから電話がありました。この前の数学のテストであなたの成績が良くなかったので心配していると言っていました。あなたなら次回はもっと良い点が取れるでしょう。仕事について素晴らしい考えを思いついたわね。私の車も洗車しに来てくれるかしら？　普段はおじいちゃんがやっているのですが、もう歳です。最近ではおじいちゃんがやるのもとても大変です。月に1回洗車しに来てもらっても良いわね。今週の土曜日のお昼に来てもらえるかしら？　もちろんお金を払うけど、あなたの昼食も作らせてね。ツナとチーズのサンドイッチはどうかしら？　金曜日の夜までに電話で連絡してください。

じゃあね。

おばあちゃんより

（8）　正解　1

訳　マイクの最初の問題は何だったか。

1　父親が彼にお金をくれなかった。
2　忙しすぎて新しい仕事を見つけられなかった。
3　プールでの仕事が好きではなかった。
4　うまく泳げなかった。

解説　マイクのメールの第4文で新しいゲームを買いたいので父親に some money（少しのお金）をくれるように頼んだが、no（だめだ）と言われたとあるので、1が内容的に一致する。

（9）　正解　4

訳　マイクの母親はマイクについて何と言ったか。

1　有名な自動車会社に勤めたいとは思わない。
2　学校で一番好きな教科は数学だ。
3　この夏に自動車教習所に通いたいと思っている。
4　数学のテストで良い得点を取れなかった。

解説　祖母からのメールの第3文から第4文にかけて、電話でお母さんから数学のテストで you didn't do well（あなた＝マイクの成績が良くなかった）ということで彼女が心配していると報告を受けたと書かれている。同じ内容の4が正解。

（10）　正解　1

訳　今週の土曜日、マイクの祖母はマイクに…欲しいと思っている。

1　自分の車を洗って
2　サンドイッチを作って
3　彼の祖父に電話をかけて
4　その店まで彼女を車で連れていって

解説　祖母からのメールの第7文から第8文にかけて、歳をとった祖父の代わりに wash my car（私の車を洗車する）ことをマイクに頼んでいて、第11文に来てもらえると助かる時間帯を this Saturday at noon（今週の土曜日のお昼に）と指定している。

No. 1

スクリプト	W: Where's Mom?
	M: She's outside working in the garden.
	W: I'll go and help her.

    1 That's nice of you.

    2 At the bookstore.

    3 These flowers are beautiful.

訳　女性：ママはどこ？

    男性：庭で作業してるよ。

    女性：私手伝いに行くわ。

正解　1

選択肢の訳　1　それは親切だね。

    2　書店だよ。

    3　これらの花はきれいだね。

解説　女の子が I'll go and help her（私は彼女＝お母さんの手伝いに行く）と言っているので、男性の発言としてそれを褒める表現を選ぶと自然な会話が成立する。正解の 1 That's nice of you（それは親切ですね）と同じ意味の表現として That's kind of you も合わせて覚えておこう。

スクリプト **M:** Excuse me.

W: How can I help you?

M: When's the next bus to City Hall?

    1 It'll arrive in a few minutes.

    2 It's two dollars for children.

    3 Get off at the second stop.

訳　　男性：すみません。

女性：どのようなご用件でしょうか？

男性：市役所へ行く次のバスはいつ来ますか？

正解　1

選択肢の訳　1　あと数分で到着します。

2　子どもは 2 ドルです。

3　2 つ目の停留所で降りてください。

解説　男性の質問は When（いつ）で始まっているので、時間に関する返答として 1 を選択する。in ～ minutes で（～分たったら）の前置詞 in の使い方に慣れておこう。

No. 3

スクリプト W: How often do you have cooking lessons?

M: Three times a month.

W: Are they very long?

M: They start at five thirty and end at seven.

Question: What time do the man's cooking lessons finish?

訳 女性：どのくらいの頻度で料理教室に行っているの？

男性：月に3回だね。

女性：時間は長いの？

男性：5時半に始まって7時に終わるよ。

質問：男性の料理教室は何時に終わるか。

正解 4

選択肢の訳 1 3時。

2 5時。

3 5時半。

4 7時。

解説 料理教室について男性はThey start at five thirty and end at seven（5時半に始まって7時に終わる）と言っているので、4が正解。Three times a month（月に3回）のような、頻度に関する表現で数字が出てくるものもしっかり覚えよう。

No. 4

スクリプト　**W:** Good morning. Dr. Hill's office.

M: Hi, I'd like to see the doctor tomorrow morning.

W: I'm sorry, but he's busy tomorrow. He can see you this afternoon at four.

M: That'll be fine.

Question: When will the doctor see the man?

訳　女性：おはようございます。ヒル診療所の事務所でございます。

男性：こんにちは、明日の朝に先生の診察を受けたいのですが。

女性：申し訳ございませんが、明日は予定がふさがっております。今日の午後4時でしたら診察できますが。

男性：その時間で結構です。

質問：医師はいつ男性を診察するか。

正解　2

選択肢の訳　1　今朝。

2　今日の午後。

3　明日の朝。

4　明日の午後。

解説　女性の He can see you this afternoon at four.（彼＝ヒル先生は今日の午後4時でしたら診察できます）という発言に対して、男性が That'll be fine（その時間で結構です）と答えているので、2が正解。tomorrow morning（明日の朝）は男性が最初に希望した時間だが、女性は he's busy tomorrow（彼＝ヒル先生は明日は予定がふさがっている）と言っている。

No. 5

◀29

スクリプト I wanted a pet for my birthday. My mother said our apartment is too small for a cat or a dog, so she got me a mouse. I was surprised, but I really love it.

Question: What did the girl get for her birthday?

訳 私は自分の誕生日にペットが欲しかった。母は私たちのアパートは小さすぎてネコやイヌは飼えないと言って、私にネズミを買ってくれた。びっくりしたが、本当に気に入っている。

質問：少女は誕生日に何を手に入れたか。

正解 **3**

選択肢の訳 1 ネコ。
2 イヌ。
3 ネズミ。
4 ウサギ。

解説 母親の考えとして our apartment is too small for a cat or a dog（私たちのアパートは小さすぎてネコやイヌは飼えない）と述べられているので、1と2は除外される。結局 she got me a mouse（彼女＝お母さんは私にネズミを買ってくれた）ということなので、3が正解。ウサギについては言及されていない。get A B で「A に B を買い与える」の意味。

No. 6

▶30

スクリプト Ken went to Sarah's party last night, but he left early. He had a terrible stomachache. He didn't say goodbye to Sarah when he left, so he'll call her this morning.

Question: Why did Ken leave Sarah's party early?

訳 ケンは昨晩サラのパーティーに行ったが、彼は早く立ち去った。彼はひどい腹痛だったのだ。出て行くときに彼はサラにさよならを言わなかったので、今朝彼女に電話をするつもりだ。

質問：ケンはなぜサラのパーティーを早く抜けたのか。

正解 4

選択肢の訳
1 サラに腹を立てた。
2 仕事に行かなくてはならなかった。
3 そこに知っている人がいなかった。
4 体調が悪かった。

解説 サラのパーティーに参加したケンについて第1文で he left early（彼は早く立ち去った）と述べられていて、その理由については He had a terrible stomachache（彼はひどい腹痛だった）と説明されている。同じ内容の4が正解。-ache は「痛み」を意味し、他に headache（頭痛）や toothache（歯痛）などの単語がある。

DAY **5**
ミニ模試

筆記試験・リスニングテスト

［目標解答時間：10 分＋リスニング］

1 次の（1）から（10）までの（　　　）に入れるのに最も適切なものを 1, 2, 3, 4 の中から一つ選びなさい。

（1） This restaurant (　　　) really good Chinese food.

　　　1 reaches　　**2** serves　　**3** covers　　**4** invites

（2） Sally is a TV reporter. She was really excited today because she had an (　　　) with a famous singer.

　　　1 answer　　**2** example　　**3** interview　　**4** order

（3） A: The weather was really (　　　) yesterday.
　　　B: Yes, there wasn't a cloud in the sky.

　　　1 heavy　　**2** dark　　**3** fine　　**4** rainy

（4） We had our first English lesson today. Our teacher, Mr. Brown, (　　　) himself and told us about his hobbies.

　　　1 believed　　**2** asked　　**3** clicked　　**4** introduced

（5） John has a good (　　　). He can remember all his friends' phone numbers.

　　　1 care　　**2** wish　　**3** memory　　**4** hope

（6） Andy lives on the sixth floor of a big building. His friend David lives in the apartment (　　　) on the fifth floor.

　　　1 back　　**2** below　　**3** before　　**4** later

(7) A: Paul, it's raining hard now, so I'll give you a (　　　) to the train station.

　　 B: Thanks, Mom.

　　 1 reason　　 **2** ride　　 **3** rain　　 **4** room

(8) A: It's dark in here. Could you turn (　　　) the light, Sam?

　　 B: Sure.

　　 1 off　　 **2** with　　 **3** in　　 **4** on

(9) A: Sam, I'd like you (　　　) Susan with her math homework.

　　 B: Sure.

　　 1 help　　 **2** helped　　 **3** be helped　　 **4** to help

(10) A: Look at the monkey (　　　) a banana over there.

　　 B: Oh, it's really cute.

　　 1 to eat　　 **2** ate　　 **3** eating　　 **4** eats

次の E メールの内容に関して、(11) から (13) までの質問に対する答えとして最も適切なものを 1, 2, 3, 4 の中から一つ選びなさい。

From: Sarah Blake
To: Jane Robinson
Date: July 23
Subject: Dance class

Dear Ms. Robinson,

I saw a poster about hip-hop dance classes at your dance school when I went to Toronto City Hall yesterday. Are there any classes for junior high school students on Saturday mornings or afternoons? I can't take lessons on weekdays because I usually have tennis practice after school. Also, I'd like to know how many students are in the classes. And do your students sometimes perform at events? I have never taken dance lessons before.

Best regards,
Sarah

From: Jane Robinson
To: Sarah Blake
Date: July 24
Subject: Free lesson

Dear Sarah,
Thank you for your e-mail. We have two hip-hop dance classes for junior high school students. One is on Saturdays from 10 a.m., and the other is on Sundays from 2 p.m. The Saturday class has nine students. The Sunday one just started, so it's still small. It only has four students, but we hope another five or six will join soon. Every summer, all of our students perform at the Toronto Summer Festival. It's a big event, so they practice very hard. Can you come this Saturday or Sunday for a free lesson? If you enjoy the lesson, you can join the class. Please bring a towel and wear comfortable shoes and clothes. Let me know if you can come.
Sincerely,
Jane Robinson

From: Sarah Blake
To: Jane Robinson
Date: July 24
Subject: Thank you

Dear Ms. Robinson,
Thank you very much for the information about the hip-hop dance classes. I'd like to take a free lesson on Saturday. If it's OK, my mother will come and watch. I'm really excited about it!
See you soon,
Sarah

(11) Where did Sarah see the poster about hip-hop dance classes?

    1 At the city hall.

    2 At Jane Robinson's house.

    3 At the tennis court.

    4 At her junior high school.

(12) How many students are in the Sunday afternoon class now?

    1 Four.

    2 Five.

    3 Six.

    4 Nine.

(13) What did Sarah decide to do?

    1 Join the Sunday class.

    2 Go to the Toronto Summer Festival.

    3 Watch her mother's dance lesson.

    4 Try a free lesson on Saturday.

リスニングテスト

◀31 >>> 32

第1部　イラストを参考にしながら対話と応答を聞き、最も適切な応答を **1, 2, 3** の中から一つ選びなさい。英文は一度だけ放送されます。

No. 1

No. 2

◀33 >>> 34

第2部　対話と質問を聞き、その答えとして最も適切なものを **1, 2, 3, 4** の中から一つ選びなさい。英文は二度ずつ放送されます。

No. 3

1 A restaurant.
2 A clothes shop.
3 A hotel.
4 A fashion magazine.

No. 4

1 Hers.
2 Her father's.
3 Her aunt's.
4 Her friend's.

第3部　英文と質問を聞き、その答えとして最も適切なものを 1, 2, 3, 4 の中から一つ選びなさい。<u>英文は二度ずつ放送されます。</u>

No. 5

1　To get money for his trip.
2　To buy books.
3　To pay for his Spanish lessons.
4　To buy a new car.

No. 6

1　He can't find a job.
2　He lost his house key.
3　He doesn't enjoy his job.
4　He lives far from his office.

■ 正解一覧

筆記試験

1	（1）	（2）	（3）	（4）	（5）
	2	3	3	4	3

	（6）	（7）	（8）	（9）	（10）
	2	2	4	4	3

2	（11）	（12）	（13）
	1	1	4

リスニングテスト

1	No. 1	No. 2
	2	3

2	No. 3	No. 4
	2	2

3	No. 5	No. 6
	1	4

■ 訳と解説

筆記 1　短文の語句空所補充

（1）　正解　**2**

> **訳**　このレストランはとても美味しい中華料理を出します。

> **1** 届く　　**2** 出す　　**3** 覆う　　**4** 招待する

> **解説**　この文の主語 This restaurant（このレストラン）と目的語 good Chinese food（美味しい中華料理）との関係を考える。意味的に 2 つをつなげられる動詞は「（食べ物・飲み物を）出す」という意味の 2 serve だ。レストランなどで客が自分で好きな食べ物を配膳することを self-service というが、この場合の service が serve の名詞形だ。

（2）　正解　**3**

> **訳**　サリーはテレビのリポーターだ。有名な歌手とのインタビューがあったので、彼女は今日、本当に興奮していた。

> **1** 答え　　**2** 例　　**3** インタビュー　　**4** 注文

> **解説**　リポーターのサリーが興奮していた理由として a famous singer（有名な歌手）を相手に何をしたのかを考えれば 3 が選べる。an interview with 〜で「〜とのインタビュー」の意味だが、動詞の場合 interview 〜で「〜にインタビューする」という意味になり、with は不要だ。

149

（3） 正解 3

訳 A：昨日はとても天気が良かったわね。

B：うん、空には雲ひとつなかったね。

    1 重い   **2** 暗い

    3 （天気が）良い   **4** 雨が降っている

解説 A の発言に対して、B が Yes（うん）と言って同意して there wasn't a cloud in the sky（空には雲ひとつなかった）と言っている。A と B が同じ意味のことを言っているはずなので、3 fine（天気が良い）が正解。

（4） 正解 4

訳 私たちは今日初めて英語のレッスンを受けた。私たちの先生はブラウン先生という人で、自己紹介をして自分の趣味について話してくれた。

    1 信じた   **2** 尋ねた   **3** クリックした   **4** 紹介した

解説 our first English lesson（私たちの初めての英語のレッスン）で先生が何をするのかを考える。his hobbies（自分の趣味）について話す前にすることはやはり自己紹介だと考えられる。introduce ～ self で「自己紹介をする」の意味。

（5） 正解 3

訳 ジョンは記憶力がいい。彼は友達の電話番号を全て覚えている。

    1 世話   **2** 願い   **3** 記憶力   **4** 希望

解説 第 2 文でジョンについて all his friends' phone numbers（友達の電話番号を全て）を覚えていると説明されていて、第 1 文の内容も基本的には同じはずなので、空所には 3 が適合する。memory には「記憶、思い出」という意味もある。

（6） 正解　2

訳　アンディは大きな建物の 6 階に住んでいる。彼の友達のデイビッドはそのアパートの下の 5 階に住んでいる。

1 後ろに　　　　2 下に　　　　3 前に　　　　4 後に

解説　アンディが住んでいるのが sixth floor（6 階）で、デイビッドが住んでいるのが fifth floor（5 階）ということは、デイビッドはアンディの下の階に住んでいるということなので、2 below（下に）が正解。この文で below は副詞だが前置詞として「〜の下に」という意味で使われることもある。「上に、〜の上に」という意味の反意語 above も覚えよう。

（7） 正解　2

訳　A：ポール、今は雨が激しく降っているので、列車の駅まで乗せてあげましょう。
B：ありがとう、お母さん。

1 理由　　　　2 乗車　　　　3 雨　　　　4 部屋

解説　it's raining（雨が降っている）という状態で to the train station（駅まで）どうするかつもりなのかを考える。2 ride を選ぶと give O a ride to 〜となり、「O を〜まで車に乗せて行く」という表現になる。

（8） 正解　4

訳　A：ここは暗いわ。サム、明かりをつけてくれる。
B：もちろんだよ。

1 off　　　　2 with　　　　3 in　　　　4 on

解説　A が It's dark in here（ここは暗い）と言って、B に the light（明かり）について何かを頼んでいる。4 を選んで turn on 〜とすれば「〜の電源を入れる」という意味の表現となり文の意味が通る。反対に「〜の電源を切る」の意味なら turn off 〜という表現が使われる。

（9） 正解 4

訳 A：サム、スーザンの数学の宿題を手伝ってほしいんだけど。
B：もちろん良いですよ。

1 help   **2** helped   **3** be helped   **4** to help

解説 「O に V してほしい」という意味の表現 would like O to V となるように to 不定詞の 4 を選ぶ。would like は want の丁寧な言い方で、would like to V なら「(できれば)V したい」、would like ～なら「(できれば)～がほしい」の意味になる。

（10） 正解 3

訳 A：あそこでサルがバナナを食べてるのを見てごらん。
B：あら、本当にかわいいわ。

1 to eat   **2** ate   **3** eating   **4** eats

解説 look at O V 原形で「O が V するのを見る」、look at O V-ing で「O が V しているのを見る」という意味になる。選択肢には動詞の原形がないので現在分詞の 3 eating を選ぶ。look at ～だけでなく、see ～ (～を目にする、見える) や hear ～ (～を耳にする、聞こえる) の後にも同様に動詞の原形や現在分詞 V-ing が続くことがある。

送信者：サラ・ブレイク
宛先：ジェーン・ロビンソン
日付：7月23日
件名：ダンスのクラス

- -

ロビンソンさんへ
昨日トロント市役所に行ったとき、あなたのダンス教室のヒップホップダンスのクラスについてのポスターを見ました。土曜日の朝か午後に中学生対象のクラスはあるのでしょうか？　私は普段放課後にテニスの練習をしているので、平日だとレッスンを受けることができません。また、何人の生徒さんがクラスに来ているのか知りたいです。それから、あなたの生徒さんは時々イベントで公演することがあるのでしょうか？　私は今までダンスのレッスンを受けたことがありません。
よろしくお願いします。
サラ

送信者：ジェーン・ロビンソン
宛先：サラ・ブレイク
日付：7月24日
件名：無料レッスン

- -

サラさんへ
メールありがとうございます。中学生対象のヒップホップダンスのクラスは2つあります。1つは土曜日の午前10時から、もう1つは日曜日の午後2時からのクラスです。土曜日のクラスには生徒が9人います。日曜日のクラスは始まったばかりなのでまだ少人数です。4人の生徒しかいませんが、近いうちにさらに5人か6人の生徒が加わってくれれば良いと思っています。毎年夏に私達の生徒全員がトロントの夏祭りに出演しています。大きなイベントなので、みなさんとても一生懸命練習しています。今週の土曜日か日曜日に無料のレッスンに来られますか。レッスンが楽しいと思ったら、クラスに加わることができますよ。タオルを用意して、履き慣れた靴を履いて動きやすい服装で来てください。いらっしゃるかどうかご連絡ください。
敬具
ジェーン・ロビンソン

送信者：サラ・ブレイク
宛先：ジェーン・ロビンソン
日付：7月24日
件名：ありがとう

ロビンソンさんへ
ヒップホップダンスのクラスについて教えてくださり、ありがとうございました。土曜日の無料のレッスンを希望します。もし差し支えなければ、母も見学させていただきます。とても楽しみにしています！
それでは。
サラ

(11)　正解　1

訳　サラはヒップホップのダンスクラスに関するポスターをどこで見たか。

1　市役所で。
2　ジェーン・ロビンソンの家で。
3　テニスコートで。
4　彼女の中学校で。

解説　a poster（ポスター）という単語に注目して本文中から手掛かりを探そう。サラのメールの第1文にポスターを見たのは when I went to Toronto City Hall yesterday（昨日トロント市役所に行ったとき）だったと書かれているので、1が正解。

(12)　正解　1

訳　現在日曜日の午後のクラスには何人の生徒がいるか。

1　4人。
2　5人。
3　6人。
4　9人。

解説　ロビンソンさんのメールによると土曜日と日曜日にクラスがあって、土曜日は nine students（生徒が9人）で、日曜日については現在形で It only has four students（4人の生徒しかいません）と書かれているので、1が正解。

(13)　正解　4

訳　サラは何をすることにしたか。

1　日曜のクラスに加わる。
2　トロントの夏祭りに行く。
3　彼女の母親のダンスのレッスンを見学する。
4　土曜日に無料のレッスンを受ける。

解説　ロビンソンさんからの週末のレッスンの案内を受けて、サラは返信のメールの第2文で I'd like to take a free lesson on Saturday（土曜日の無料のレッスンを希望します）と伝えているので4が正解。形容詞 free には「無料の」の他にも「暇な、自由な」などの意味もあるので、注意しよう。

No. 1

◀31

スクリプト
W: I got you a new math notebook.

M: Thanks, Mom.

W: Don't forget to write your name on it.

　　1 No, I finished it at school.

　　2 OK, I'll do that now.

　　3 Well, I like science, too.

訳
女性：新しい数学のノートを買って来たわよ。

男性：ありがとう、ママ。

女性：名前を忘れずに書くのよ。

正解 **2**

選択肢の訳
1 ううん、学校でそれをやっておいたよ。

2 分かった、今やるよ。

3 ええと、科学も好きだよ。

解説
ノートを買ってきた母親が息子に Don't forget to write your name on it（名前を忘れずに書くのよ）と言っているが、2 を選ぶと息子が承諾することになり、自然な会話が成り立つ。Don't forget to V（忘れずに V しなさい）は相手に命令する場合の表現。

No. 2

スクリプト **M:** Mrs. Robinson, what's our homework?
W: Read page fifty-six in your textbook.
M: Anything else?
  1 I understand.
  2 You did well.
  3 That's all.

訳 男性：ロビンソン先生、私たちの宿題は何ですか？
女性：教科書の 56 ページを読んで来てください。
男性：他に何かありますか？

正解　3

選択肢の訳　**1** 分かります。
2 よく頑張りました。
3 以上です。

解説　教師から宿題の指示を受けた生徒が Anything else?（他に何かあります
か？）と尋ねている。他にはないという意味の 3 That's all（以上です）が返
事として最も適切。

ミニ模試［解答・解説］

DAY 1　DAY 2　DAY 3　DAY 4　DAY 5　DAY 6　DAY 7　DAY 8　DAY 9　DAY 10

157

No. 3

◀33

W: Where did you buy that coat?

M: At Domingo's.

W: I love that place. I got these jeans there, too.

M: They're nice.

Question: What are they talking about?

訳　女性：そのコートはどこで買ったの？

男性：ドミンゴで買ったんだ。

女性：あのお店はいいわね。私もあそこでこのジーンズを買ったのよ。

男性：似合っているよ。

質問：彼らは何について話しているか。

正解　2

選択肢の訳　1 レストラン。

2 洋服屋。

3 ホテル。

4 ファッション雑誌。

解説　男性が Domingo's（ドミンゴ）という店に言及しているが、それに対して女性は that place（あの店）や there（そこで）のように言い換えをしている。男性と女性が自分たちの coat（コート）と jeans（ジーンズ）についても話していることから、ドミンゴは 2 だと考えられる。

No. 4

スクリプト　**W:** Dad, my computer isn't working. Can I use yours?
M: I'm working on a report, Lisa.
W: I just want to write an e-mail to Aunt Sarah.
M: OK, then. But, be quick.
Question: Whose computer will Lisa use?

訳　**女性**：お父さん、私のパソコンが動かないんだけど、お父さんの使ってもいい？
男性：リサ、レポートを作ってるところなんだ。
女性：サラおばさんにメールを送りたいだけなんだけど。
男性：じゃあ、いいよ。でも、早く終わらせなさい。
質問：リサは誰のコンピューターを使うか。

正解　2

選択肢の訳　1　自分のもの。
2　彼女の父親のもの。
3　彼女のおばさんのもの。
4　彼女の友達のもの。

解説　2人が Dad と Lisa と呼びかけあっていることから娘と父親の会話だと分かる。自分のパソコンの調子が悪いという娘が Can I use yours?（お父さんの使ってもいい？）と尋ねていて、最初は渋っていた父親も結局は OK, then（じゃあ、いいよ）と言っているので、2 が正解。

No. 5

◀ 35

スクリプト　David's dream is to travel around Spain. He is working part-time to save enough money for his trip. He works in a bookstore on weekends. At high school, he studies Spanish hard.

Question: Why is David working part-time?

訳　デイビッドの夢はスペインを旅することだ。彼は旅行用に十分なお金を貯めるためにアルバイトをしている。彼は週末に本屋で働いている。高校ではスペイン語を一生懸命勉強している。

質問：デイビッドはなぜアルバイトしているのか。

正解　1

選択肢の訳　1　旅行のためのお金を手に入れるため。
2　本を買うため。
3　彼のスペイン語の授業料を支払うため。
4　新しい車を買うため。

解説　2つ目の文でデイビッドについて He is working part-time to save enough money for his trip（彼は旅行用に十分なお金を貯めるためにアルバイトをしている）と述べられているので、1が正解。この文では to 不定詞（to V）が「V するために」という意味で目的を表すために使われている。

No. 6

◀ 36

スクリプト　I work at a bank. I enjoy my job, but it takes me two hours to get from my house to my office. I want to move to an apartment closer to my office.

Question: What is the man's problem?

訳　私は銀行に勤めている。仕事は楽しいが、家から職場までは 2 時間かかる。もっと職場に近いアパートに引っ越ししたいと思っている。

質問：男性の問題は何か。

正解　4

選択肢の訳　1　仕事が見つからない。

2　家の鍵をなくした。

3　仕事が楽しくない。

4　職場から遠い所に住んでいる。

解説　仕事について楽しいと述べられているが、but it takes me two hours to get from my house to my office（しかし、家から職場までは 2 時間かかる）という否定的な見解も示されている。an apartment closer to my office（もっと職場に近いアパート）に引っ越ししたいという内容からも 4 が正解だと分かる。

英検では簡単な動詞を含んだ表現についての問題がよく出題されます。間違いやすい基本動詞の使い分けを問うクイズに挑戦して、得点力アップをはかりましょう。日本語の意味に合うように枠の中から動詞を1つ選んで下の文の空所に入れてください。必要に応じて適切な形に直しましょう。

bring	come	get	give	go	have
keep	look	make	put	see	take

1 私たちは数週間前マイクのパーティーでたくさん楽しみました。

We _____ a lot of fun at Mike's party a few weeks ago.

2 たくさんの人たちがバスに乗るために一列に並んで立っていた。

Many people were standing in a line to _____ on the bus.

3 この和食レストランでは靴を脱ぐ必要がある。

You need to _____ off your shoes in this Japanese restaurant.

4 ジェーンの結婚式では誰がスピーチをするのですか。

Who is going to _____ a speech at Jane's wedding?

5 スーザンは私の本をすぐに返すと約束した。

Susan promised to _____ my book back soon.

6 ジムは大きな問題を抱えていたが、彼は諦めなかった。

Jim _____ a big problem, but he did not give up.

7 メアリーは昨日腹痛のことで医者の診察を受けた。

Mary _____ a doctor about the stomachache yesterday.

8 ケンは冬に彼の祖父母に会うのを楽しみにしている。

Ken _____ forward to seeing his grandparents in winter.

答え | 1 had 2 get 3 take 4 make / give 5 bring 6 had 7 saw 8 looks

DAY 6
ミニ模試

英作文

英作文

- あなたは、外国人の友達から以下の QUESTION をされました。
- QUESTION について、あなたの考えとその<u>理由を 2 つ</u>英文で書きなさい。
- 語数の目安は 25 語〜 35 語です。
- 解答が QUESTION に対応していないと判断された場合は、<u>0 点と採点されることが</u><u>あります。</u>QUESTION をよく読んでから答えてください。

QUESTION

Which do you like better, talking with your friends or talking with your family?

今回で英作文の演習も 2 回目です。Day 3 では自分の力で解答できましたか？ 着実に解答を作成するには 3 つの Step が大事でしたね。もしも解答の手順が思い出せないようなら、もう 1 度「早わかりガイド」を読み返してください。トレーニング 1 で「内容」と「構成」に注意を払いながら解答を作成したら、トレーニング 2 で「文法」と「語い」の強化を図りましょう。

MEMO

DAY 1

DAY 2

DAY 3

DAY 4

DAY 5

DAY 6

DAY 7

DAY 8

DAY 9

DAY 10

■ **トレーニング 1**

いきなり英語で書き始めようとしても行き詰まってしまいます。3 つの Step で着実に解答を作成していきましょう。高評価される解答にするには、問題の指示を確認しながら内容について考え、決まったパターンの英文を書くのが鉄則です。

Step 1 **自分の意見を決めよう！**

　英作文の問題では、必ず「あなたの考え」を書くように指示されます。この問題で問われているのは、your friends（あなたの友達）と your family（あなたの家族）の 2 つのうちどちらと話すことの方が好きかです。直感で構いませんので、どちらか 1 つを選びましょう。

QUESTION

Which do you like better, talking with your friends or talking with your family?

　質問の訳

あなたは友達と話すことと家族と話すことのどちらの方が好きですか。

Step 2 **理由を書き出してみよう！**

　問題の指示文には、あなたの考えについて「その<u>理由を 2 つ</u>」書くようにとあります。Step 1 で選んだ自分の意見の理由を少し多めに 5 つ挙げてみましょう。この段階では日本語で構いません。

● 「＿＿＿＿＿＿＿＿＿と話す方が好きだ」

理由

1

2

3

4

5

Step 2 の記入例

　Step 1 で決めた自分の意見について、その理由を5つ挙げられましたか? your friends（あなたの友達）と your family（あなたの家族）の両方の場合で、選ぶ理由として考えられるものを下に10個列挙します。皆さんが考えた理由やそれに近いものを探してみましょう。

● 「友達と話す方が好きだ」の場合

　理由

1 家族に言えないことを話せる
2 家族と違って甘えがない
3 社会性を学べる
4 同世代だから話が合う
5 違う環境で育った友人と話すと発見が多い
6 友達との会話が刺激になる
7 自分の知らないことを学ぶことができる
8 自分とは違うものの見方を学ぶことができる
9 友達と話すことで自分自身を知ることができる
10 言葉の勉強になる

● 「家族と話す方が好きだ」の場合

　理由

1 家族は自分をよく知っているから相談しやすい
2 言いたいことをうまく言えなくてもわかってくれる
3 家族と話すとリラックスできる
4 家族は信頼できるから何でも話せる
5 家族は自分を肯定してくれるから自信がつく
6 家族と話すと安心する
7 両親から学ぶことが多い
8 兄弟から学ぶことが多い
9 家族と話すことがコミュニケーションの練習になる
10 兄弟とは仲良しだから話すことがとても楽しい

自分の解答をまとめよう！

　最後に、「早わかりガイド」で説明したパターン通りに英語で解答を作ります。解答に必要な文の数は4つでしたね。定型文と定型表現を使いながら、Step 1 と Step 2 で考えた内容を埋めて自分の解答を完成させましょう。

第1文 自分の意見

I like ＿＿＿＿＿ better than ＿＿＿＿＿.

第2文 理由は2つ

I have two reasons.

第3文 理由1

First, ＿＿＿＿＿＿＿＿＿＿＿＿＿＿＿＿＿＿＿＿＿＿＿＿＿＿＿＿.

第4文 理由2

Second, ＿＿＿＿＿＿＿＿＿＿＿＿＿＿＿＿＿＿＿＿＿＿＿＿＿＿.

Step 3 の記入例

　2つの意見で書かれた解答例を見てみましょう。 **Step 2** で挙げられた理由の中から2つを採用して書かれています。シンプルな表現だけでもきちんと解答できるんだ、ということを確認してください。

● 「友達と話す方が好きだ」の場合

　　解答例　 （理由8と4）

I like talking with my friends better than talking with my family. I have two reasons. First, I can learn a different point of view. Second, I really enjoy talking with friends of my generation. (35 語)

　　解答例訳

私は家族と話すよりも友達と話す方が好きです。理由が2つあります。第1に、違う視点を学ぶことができます。第2に、自分と同じ世代の友人と話すのは本当に楽しいです。

● 「家族と話す方が好きだ」の場合

　　解答例　 （理由3と4）

I like talking with my family better than talking with my friends. I have two reasons. First, talking with my family makes me relax. Second, I believe in family, and I can tell them anything. (35 語)

　　解答例訳

私は友達と話すより家族と話す方が好きです。理由が2つあります。第1に、家族と話すとリラックスできます。第2に、家族は信頼できるので、何でも話すことができます。

　トレーニング1では3つのStepで決められたパターンに従って解答を作成してみました。そうすることで「内容」と「構成」の採点基準を満たした解答が出来上がったはずです。ここでは1つ1つの英文を作る訓練をしましょう。左ページの文は Step 2 で列挙した理由に文字数を稼ぐために内容的な肉付けをしたものです。これを見て右ページの英語の文がすぐに書けるようになるまで何度も練習しましょう。 POINT では表現や文法に関する要点を説明しましたので、残りの採点基準である「語い」と「文法」についても意識して取り組みましょう。

● 「友達と話す方が好きだ」の場合

　1　家族とは話したくないことがあるが、友達とならそのことについて話せる。

　2　私は友達と話すことによって礼儀正しさを学ぶことができる。

　3　友達と話すことが私に他人とのコミュニケーションの取り方を教えてくれる。

　4　自分の世代の友達と話すことは本当に楽しい。

1 There is something I don't want to talk about with my family, but I can talk about it with my friends.

POINT　**I don't want to talk about with my family** が直前の **something** を修飾している。

2 I can learn to be polite by talking with my friends.

POINT　この文の **to** 不定詞は名詞的用法で **learn** の目的語になっている。**polite** は形容詞なので **be** を忘れないように気を付けよう。**by + V-ing**「V することによって」。

3 Talking with my friends teaches me how to communicate with others.

POINT　**teach O₁O₂**「O₂ に O₁ を教える」。「友達と話すこと」が「教える」というような、生き物ではないものが動作の主語になる文を「無生物主語構文」という。

4 I really enjoy talking with friends of my generation.

POINT　**enjoy V-ing**「V することを楽しむ」。**of my generation**「私の世代に属する」も覚えておこう。

5 私は異なる環境で育った友人と話すと発見することが多い。

6 友達と話すことは何か新しいことを始める素晴らしい方法だ。

7 私は友人との会話を通じて新しいことを手に入れられる。

8 私は友達と話すことで、違った視点を知ることができる。

9 私は友達と話すことで、自分自身を知ることができる。

10 私は友達と話すことによって多くの新しい単語を学ぶことができる。

5 There's a lot to discover when I talk with a friend who grew up in a different environment.

POINT

a lot は「たくさんのこと」という意味の名詞。to discover は不定詞の形容詞的用法で a lot を修飾。who 以下は関係代名詞節で先行詞 a friend を修飾。

6 Talking with a friend is a great way to start something.

POINT

「〜するきっかけになる」という意味を、「〜する素晴らしい方法だ」と言い換えて表現しやすくした。

7 I can get new information through talking with my friends.

POINT

through 〜「〜を通じて」。through は前置詞なので直後の動詞は動名詞〜 ing にする。不定詞は不可。「新しいこと」は「新しい情報」と言い換えた。他に something new なども使える。

8 I can learn a different point of view through talking with my friends.

POINT

「ものの見方」は perspective。英検 3 級レベルを超える語なので、point of view「視点」と言い換えた。

9 I can learn about myself through talking with my friends.

POINT

learn about oneself「自分のことについて学ぶ」。

10 I can learn many new words by talking with my friends.

POINT

by 〜「〜によって」。by も前置詞なので直後の「〜すること」は動名詞〜 ing にする。不定詞は不可。

●「家族と話す方が好きだ」の場合

1 私のことをよく知っているので、私の家族と話しやすい。

2 たとえ私が正しく言えなくても、私の家族は私の言いたいことをわかってくれる。

3 家族と話すことは私をリラックスさせてくれる。

4 家族は信頼できるから私は彼らに何でも話すことができる。

5 家族はいつも私の味方になってくれるから、彼らとの会話が私に力を与えてくれる。

6 家族と話すと安心する。

1 It is easy to talk with my family because they know me well.

POINT **It is easy to V**「V するのは簡単だ、V しやすい」。仮主語の構文なので、**easy** の後に **to** 不定詞を書くことがポイント。

2 My family understand what I am trying to say, even if I can't say it right.

POINT **even if ...**「たとえ…だとしても」。**right** は副詞で「正しく」の意味。**what SV**「S が V すること、もの」。

3 Talking with my family makes me relax.

POINT **make O V 原形**「O を V させる」。「話すこと」が「私をリラックスさせてくれる」という無生物主語構文である。

4 I believe in family, and I can tell them anything.

POINT **believe in ~**「~を信用する」。**believe O**「O の言っていることを信じる」との違いに注意。**any ~**を肯定文で用いると、「どんな~でも」の意味。

5 My family always stand by me, so talking with them gives me power.

POINT 167 ページの理由**5**「自分を肯定してくれる」を「私の味方についてくれる」と言い換えた。「私に力を与えてくれる」は、文字通り力強い表現だ。

6 I feel safe when I talk with my family.

POINT **feel C**「C だと感じる」。C には形容詞が入る。

7 私は家族、特に両親との会話から学ぶことが多い。

8 私は家族、特に兄弟との会話から学ぶことが多い。

9 家族と話していると私がコミュニケーション技術を学ぶのに役立つ。

10 私は姉ととても仲が良いので彼女と話すことが楽しい。

7 I can learn a lot from talking with my family, especially with my parents.

POINT
especially「特に」。from は前置詞なので、直後の「～すること」は動名詞～ing になる。不定詞は不可。

8 I can learn a lot from talking with my family, especially with my brothers and sisters.

POINT
especially「特に」。上でも述べたが、from は前置詞なので、直後の「～すること」は動名詞～ing になる。不定詞は不可。

9 Talking with my family helps me to learn communication skills.

POINT
help O to V「O が V するのを助ける、V するのに役立つ」。

10 I am good friends with my sister, so it is fun to talk with her.

POINT
it is fun to V「V することは楽しい」。friend の代わりに buddy も使えるが、口語的でよりくだけた表現。

英検では簡単な動詞を含んだ表現についての問題がよく出題されます。間違いやすい基本動詞の使い分けを問うクイズに挑戦して、得点力アップをはかりましょう。日本語の意味に合うように枠の中から動詞を 1 つ選んで下の文の空所に入れてください。必要に応じて適切な形に直しましょう。

bring	come	get	give	go	have
keep	look	make	put	see	take

1 去年の冬には寒い天気が長く続いた。

The cold weather _____ on for long last winter.

2 マイクはその大きなテントを張るのに 1 時間かかった。

It took Mike an hour to _____ up the big tent.

3 ついにそのレースに勝った時、ジムの夢がかなった。

Jim's dream _____ true when he finally won the race.

4 ケンは 1 年間留学する決心をした。

Ken _____ up his mind to study abroad for a year.

5 父は今でも大学時代の友人と連絡を取り合っている。

My father still _____ in touch with his friends from college.

6 メアリーのお母さんは、若いころその有名な女優に似ていた。

Mary's mother _____ like the famous actress when she was young.

7 「アンナがどこに住んでいるか知ってる?」「知らないね。」

"Do you know where Anna lives?" "I _____ no idea."

8 セーラは会社で上司とうまくやっている。

Sarah _____ along with her boss in the office.

答え | **1** went **2** put **3** came **4** made **5** keeps **6** looked **7** have **8** gets

DAY 7

ミニ模試

筆記試験・リスニングテスト

[目標解答時間：15 分＋リスニング]

1　次の（1）から（5）までの（　　　　）に入れるのに最も適切なものを 1, 2, 3, 4 の中から一つ選びなさい。

（1）Christina is an actress. She is often on TV and sometimes （　　　） on stage.

　　1 invents　　**2** performs　**3** protects　**4** imagines

（2）Tom likes books. The (　　　　) of his favorite book is *Robinson Crusoe.*

　　1 title　　　**2** prize　　　**3** middle　　**4** hole

（3）A: This jacket is a little big for me. Can I (　　　　) on a smaller one?
　　B: Certainly, sir. How about this one?

　　1 hit　　　**2** make　　　**3** enter　　**4** try

（4）A: I'm not very good at playing the piano, Dad.
　　B: You just have to (　　　) practicing. You'll get better soon.

　　1 give　　　**2** keep　　　**3** help　　　**4** bring

（5）My little brother lost my favorite CD again. He really makes (　　　) angry.

　　1 me　　　**2** my　　　**3** we　　　**4** our

2 次の（**6**）から（**7**）までの会話について、（　　　　）に入れるのに最も適切なものを **1, 2, 3, 4** の中から一つ選びなさい。

（**6**） Woman 1: I have to go and buy some Christmas presents this weekend.

Woman 2: Me, too. (　　　　)

Woman 1: OK. Sounds good.

    1 Do you know what they want?

    2 Why don't you return it?

    3 Do you remember last year's party?

    4 Why don't we go together?

（**7**）　Boy: How's your science project going?

Girl: (　　　　) I'm going to do it this weekend.

    1 It was during math class.

    2 I went on Saturday.

    3 I haven't started yet.

    4 It's not my idea.

次の英文の内容に関して、(8)から(12)までの質問に対する答えとして最も適切なもの、または文を完成させるのに最も適切なものを 1, 2, 3, 4 の中から一つ選びなさい。

Maria Tallchief

Maria Tallchief was a famous ballerina.* She was born in 1925 on a Native American reservation.* Her father was a Native American. When Maria was a child, she enjoyed music and took piano lessons. She also liked to play outside with her sister.

When Maria was eight, her family moved to Los Angeles, California. Her mother loved music and dance. She hoped that Maria and her brothers and sisters would become movie stars. Maria soon started taking ballet classes. Every day, she practiced piano and ballet. However, when she was 12, her father told her to choose between piano and ballet. Maria chose ballet.

Maria started taking dance classes at a new ballet school. Her teacher was a famous ballerina named Madame Nijinska. Madame Nijinska was from Russia, and she taught Maria for the next five years. When Maria was 17, she moved to New York to join a famous ballet company* called the Ballet Russe de Monte Carlo.

While Maria was a dancer with the Ballet Russe de Monte Carlo, she met a famous choreographer* named George Balanchine. Balanchine liked Maria's dancing, so he often gave her important parts in his ballet performances. Maria traveled around the world and danced in many countries. Later, Maria and Balanchine got married, and Balanchine left the Ballet Russe de Monte Carlo. He started his own ballet company called the New York City Ballet. Maria soon joined the company and became its star ballerina. Later, she became a ballet teacher and worked for some famous ballet companies.

*ballerina: バレリーナ
*Native American reservation: アメリカ先住民の保留地
*company: 集団
*choreographer: 振付師

（**8**） When Maria Tallchief was a child, she

    1 liked music and playing outside.

    2 performed in a play at school.

    3 was a famous pianist.

    4 met a famous movie star.

（**9**） How old was Maria when she moved to California?

    1 Five.

    2 Eight.

    3 Twelve.

    4 Seventeen.

（**10**） Why did Maria go to New York?

    1 She wanted to join a famous ballet company.

    2 She didn't like Madame Nijinska.

    3 She wanted to live with her brothers and sisters.

    4 She was told to go there by her father.

（**11**） What did George Balanchine do for Maria?

    1 He gave her important parts in his ballet performances.

    2 He introduced her to a star ballerina.

    3 He sent her presents from many countries.

    4 He took her to see the New York City Ballet.

（**12**） What is this story about?

    1 A ballet company from Russia.

    2 A popular piano teacher from New York.

    3 A famous Native American ballerina.

    4 A big dance school in the United States.

リスニングテスト

◀ 37 >>> 38

第1部	イラストを参考にしながら対話と応答を聞き、最も適切な応答を 1, 2, 3 の中から一つ選びなさい。英文は一度だけ放送されます。

No. 1

No. 2

◀ 39 >>> 40

第2部	対話と質問を聞き、その答えとして最も適切なものを 1, 2, 3, 4 の中から一つ選びなさい。英文は二度ずつ放送されます。

No. 3

1 Buy a cheesecake.
2 Make a cake herself.
3 Go to the store again.
4 Shop at a different store.

No. 4

1 Their lunch plans.
2 Their trip to China.
3 A new staff member.
4 The woman's part-time job.

| 第 3 部 | 英文と質問を聞き、その答えとして最も適切なものを 1, 2, 3, 4 の中から一つ選びなさい。英文は二度ずつ放送されます。 |

No. 5

1 Travel to Brazil.
2 Write a story about her father.
3 Show her father some photos.
4 Buy a camera.

No. 6

1 He didn't eat lunch.
2 He woke up late.
3 The supermarket moved.
4 The supermarket was closed.

■ 正解一覧

筆記試験

1	(1)	(2)	(3)	(4)	(5)
	2	1	4	2	1

1	No. 1	No. 2
	2	2

2	(6)		(7)	
	4		3	

2	No. 3	No. 4
	3	4

3	(8)	(9)	(10)	(11)	(12)
	1	2	1	1	3

3	No. 5	No. 6
	1	4

■ 訳と解説

筆記 1 短文の語句空所補充

(1) 正解 **2**

> 訳 クリスティーナは女優だ。彼女はよくテレビに出演していて、時々舞台上で演技する。
>
> 1 発明する　　2 演じる　　3 守る　　4 想像する

> 解説 an actress（女優）であるクリスティーナが on stage（舞台上）ですることなので、2 perform（演じる）が空所に適合する。動詞 perform には他に「〜を行う」という意味もある。

(2) 正解 **1**

> 訳 トムは本が好きだ。彼の一番好きな本の題名は「ロビンソン・クルーソー」です。
>
> 1 題名　　2 賞　　3 中　　4 穴

> 解説 *Robinson Crusoe*（ロビンソン・クルーソー）とは book（本）の何であるかを考えれば、1 title（題名）が選べる。形容詞 favorite（一番好きな）も大事な単語なので覚えておこう。

（3）　正解　4

訳　A：このジャケットは私には少し大きいです。もっと小さいのを試着できますか?

B：もちろんです、お客様。これはどうですか?

1 段る　　　**2** 作る　　　**3** 入れる　　　**4** 試す

解説　This jacket（このジャケット）や sir（お客様）などの語句から、洋服屋での客と店員の会話なのだと考えられる。空所に 4 を入れれば try on 〜（〜を試着する）という表現になり、客である A がこのジャケットのサイズが大きめなので a smaller one（もっと小さいもの）を試着したいという希望を伝える文が完成する。

（4）　正解　2

訳　A：お父さん、私はピアノを弾くのがあまり得意じゃないのよ。

B：ただ練習し続ければ良いんだ。すぐに上手くなるよ。

1 与える　　　**2** 保つ　　　**3** 助ける　　　**4** 持参する

解説　ピアノが上手くないという娘に対して父親が You'll get better soon（すぐに上手くなるよ）と励ましている。その前にすべきこととして、空所に 4 を入れて keep practicing（練習し続ける）とすれば文の意味が通る。keep (on) V-ing で「V し続ける」の意味。

（5）　正解　1

訳　弟がまた私の一番好きな CD をなくした。彼は私を本当に怒らせる。

1 me　　　**2** my　　　**3** we　　　**4** our

解説　弟がなくしたのは my favorite CD（私の一番好きな CD）なので、angry（怒っている）のは当然私だ。空所は動詞 make の直後なので、目的語の形の me が正解。動詞 make にはいくつか意味があるが、「make O 形容詞」だと「O を〜にする」という意味になる。

187

（6）　正解　4

訳　　女性1：今週末にクリスマスプレゼントを買いに行かないと。

女性2：私もね。（　　　　　）

女性1：いいわよ。楽しくなりそうね。

1　彼らが欲しいものは分かってるの?

2　どうしてそれを返さないの?

3　昨年のパーティーを覚えてる?

4　一緒に行かない?

解説　　2人とも買い物に行こうとしていて、女性2の発言に対して女性1がOK（いいわよ）と答えている。女性2は質問というよりも提案をしていると考えられるので4が適合する。Why don't we V? は Shall we V? と同様に「一緒にVしませんか」という意味の重要表現。

（7）　正解　3

訳　　少年：科学の授業のプロジェクトの進み具合はどう?

少女：（　　　　　）今週末にやるつもりよ。

1　数学の授業中だった。

2　私は土曜日に行ったわ。

3　まだ始めてないわ。

4　私の考えではないわ。

解説　　How is ~ going? で「~の進み具合はどうですか」の意味。プロジェクトの進み具合を尋ねられた少女の返事なので、空所の後の I'm going to do it this weekend（今週末にやるつもりよ）という文とのつながりを考えると3が選べる。

マリア・トールチーフ

マリア・トールチーフは有名なバレリーナだった。彼女は 1925 年にアメリカ先住民の保留地で生まれた。彼女の父親はアメリカ先住民だった。子どもの頃、マリアは音楽が好きでピアノのレッスンを受けた。彼女は妹と外で遊ぶのも好きだった。

マリアが 8 歳の時、彼女の家族はカリフォルニア州のロサンゼルスに引っ越した。彼女の母親は音楽とダンスが大好きだった。彼女はマリアと彼女の兄弟姉妹に映画スターになって欲しいと望んだ。マリアはすぐにバレエのクラスを受け始めた。毎日彼女はピアノとバレエを練習した。しかし、彼女が 12 歳の時、父親は彼女にピアノとバレエのどちらかを選ぶように言った。マリアはバレエを選んだ。

マリアは新しいバレエ学校でダンスのクラスを受け始めた。彼女の先生はニジンスカ夫人という有名なバレリーナだった。ニジンスカ夫人はロシア出身で、その後 5 年間マリアを指導した。17 歳の時にマリアはバレエ・リュス・ド・モンテカルロという有名なバレエ団に加入するためにニューヨークに引っ越した。

マリアがバレエ・リュス・ド・モンテカルロでダンサーをしていた時、ジョージ・バランシンという有名な振付家と出会った。バランシンはマリアの踊りが気に入り、よくバレエの公演で彼女に重要な役を与えた。マリアは世界中を旅し、多くの国で踊った。後にマリアとバランシンは結婚し、バランシンはバレエ・リュス・ド・モンテカルロを退団した。彼はニューヨーク・シティ・バレエ団と呼ばれる自身のバレエ団を設立した。まもなくマリアが入団し、そのバレエ団のスターバレリーナとなった。その後、彼女はバレエの講師となり、いくつかの有名なバレエ団で活動した。

（8）　正解　1

訳　子どもの頃、マリア・トールチーフは…

1　音楽と外で遊ぶことが好きだった。
2　学校の演劇に出演した。
3　有名なピアニストだった。
4　有名な映画スターに会った。

解説　第 1 パラグラフ第 4 文と第 5 文にかけて子どもの頃のマリアについて she enjoyed music（彼女は音楽が好きだった）と She also liked to play outside（彼女は外で遊ぶのも好きだった）と書かれているので、これらの内容をまとめた 1 が正解。

（9）　正解　2

訳　カリフォルニアに引っ越した時、マリアは何歳だったか。

1　5 歳。
2　8 歳。
3　12 歳。
4　17 歳。

解説　第 2 パラグラフ第 1 文でマリアの家族がロサンゼルスに引っ越したのは When Maria was eight（マリアが 8 歳の時だった）と書かれている。数字をアルファベットで書く際の綴りはしっかり押さえておこう。この文脈での動詞 move は「引っ越す」の意味。

（10）　正解　1

訳　マリアはなぜニューヨークに行ったのか。

1　有名なバレエ団に加わりたいと思った。
2　ニジンスカ夫人が好きではなかった。
3　自分の兄弟姉妹と一緒に住みたいと思った。
4　父にそこへ行くように言われた。

解説　17 歳の時のマリアについて、第 3 パラグラフ第 4 文に she moved to New York to join a famous ballet company（有名なバレエ団に加入するためにニューヨークに引っ越した）と書かれているので、1 が正解。

(11) 正解 　1

訳　ジョージ・バランシンはマリアに何をしたか。

1　自分のバレエの公演の中で彼女に重要な役を与えた。
2　彼女をスターバレリーナに紹介した。
3　たくさんの国から彼女にプレゼントを送った。
4　ニューヨーク・シティ・バレエ団を見に彼女を連れていった。

解説　バランシンについては第4パラグラフで説明されていて、第2文に he often gave her important parts in his ballet performances（彼はよくバレエの公演で彼女に重要な役を与えた）とあるので1が正解である。

(12) 正解 　3

訳　この話の話題は何か。

1　ロシアのバレエ団。
2　ニューヨーク出身の人気のピアノ講師。
3　有名なアメリカ先住民のバレリーナ。
4　アメリカの大きなダンス教室。

解説　マリア・トールチーフの幼少期からバレエの講師になるまでが説明されているが、第1パラグラフ第2文から第3文にかけてマリアについて a Native American reservation（アメリカ先住民の保留地）で生まれ父親が a Native American（アメリカ先住民）だったと書かれているので、3が正解。

No. 1

◀37

スクリプト **M:** Let's go out for dinner tonight.

W: Sounds great.

M: Where do you want to go?

    1 Yes, I do.

    2 The new Mexican place.

    3 I went last night.

訳 **男性**：今夜は夕食を食べ行こう。

女性：素敵ね。

男性：どこに行きたい？

正解 2

選択肢の訳 **1** はい、そうよ。

2 新しいメキシコ料理の店ね。

3 昨夜行ったわ。

解説 疑問文の最初の語が Wh で始まる疑問詞の場合、Yes（はい）や No（いいえ）で答えることはない。男性の質問が Where で始まっているので、場所を表す 2 The new Mexican place（新しいメキシコ料理の店）が正解。この場合の place は「お店」の意味。

No. 2

スクリプト W: It was Linda's birthday yesterday, wasn't it?
M: Yeah.
W: Did you buy her a present?
   1 No, it's next Friday.
   2 No, but I made her a card.
   3 No, I stayed until the end.

訳 女性：昨日はリンダの誕生日だったわね。
男性：うん。
女性：プレゼントは買ったの？

正解 **2**

選択肢の訳 **1** ううん、来週の金曜日だよ。
2 ううん、でも彼女にカードを作ってあげたよ。
3 ううん、最後までいたよ。

解説 女性の質問は Did you buy her a present? (彼女にあげるプレゼントは買ったの？) なので、男性の返事はプレゼントについての内容でなくてはいけない。手製のカードを用意したという **2** が正解。

No. 3

◀39

スクリプト　W: Excuse me. Do you have any chocolate cakes?

M: I'm sorry. They're sold out. But we have some cheesecakes.

W: No, thanks. I'll come back tomorrow.

M: Sure, I'll keep a chocolate cake for you then.

Question: What will the woman do tomorrow?

訳　女性：すみません。チョコレートケーキはありますか。

男性：申し訳ございません。売り切れです。しかし、チーズケーキでしたらいくつかございます。

女性：いいえ、結構です。明日また来ます。

男性：かしこまりました。お客様用にチョコレートケーキを取っておきましょう。

質問：女性は明日何をするか。

正解 3

選択肢の訳　1 チーズケーキを買う。

2 自分でケーキを作る。

3 もう一度その店に行く。

4 別の店で買い物をする。

解説　チョコレートケーキを買いたがっている女性に、店員は They're sold out（売り切れです）と言っている。それに対する女性の発言は I'll come back tomorrow（明日また来ます）なので、3 が正解。

No. 4

スクリプト **M:** How often do you work at the Chinese restaurant?
W: Twice a week.
M: Do you enjoy it?
W: Yeah. The other staff are really nice, and I love Chinese food.
Question: What are they talking about?

訳 **男性**：中華レストランにはどのくらいの頻度で働いているの?
女性：週に2回よ。
男性：楽しい?
女性：ええ。他のスタッフも本当に優しいし、私は中華料理が大好きだしね。
質問：彼らは何について話しているか。

正解 **4**

選択肢の訳 **1** 昼食のプラン。
2 中国への旅行。
3 新しいスタッフ。
4 女性のアルバイト。

解説 女性は中華レストランで Twice a week (週に2回) の頻度で働いていると述べているので、彼女は正社員としてではなくアルバイトで働いていると考えられる。アルバイトは英語では part-time job というので4が正解。How often 〜? (どれくらいの頻度で〜?) という表現も覚えておこう。

No. 5

◀ 41

スクリプト When my dad was 20, he went to Brazil for one month. He loves telling me stories and showing me photos from his trip. One day, I want to go there, too.

Question: What does the girl want to do in the future?

訳 父は20歳の時に1ヶ月間ブラジルに行った。彼はうれしそうに私にその旅行の話をしたり、写真を見せたりする。いつか、私もその国に行きたいと思っている。

質問：少女は将来何をしたいのか。

正解 1

選択肢の訳 1 ブラジルへ旅行する。
2 父親についての物語を書く。
3 父親に写真を何枚か見せる。
4 カメラを買う。

解説 父親からブラジル旅行の話を聞いたりしたと述べられた後で、One day, I want to go there, too（いつか、私もその国に行きたいと思っている）と締めくくられている。there（そこ）がブラジルを指しているのは明らかなので 1 が正解。ここでの one day は「1日」ではなく「いつか」という意味。

No. 6

スクリプト Charlie went to the supermarket early on Sunday morning, but it wasn't open yet. A sign said that it opens at ten on Sundays. Charlie decided to go again after lunch.

Question: What was Charlie's problem?

訳 チャーリーは日曜日の朝早くにスーパーに行ったが、まだ開いていなかった。日曜日の10時に開くという掲示があった。チャーリーは昼食後にまた行くことにした。

質問：チャーリーの問題は何か。

正解 4

選択肢の訳 1 昼食を食べなかった。
2 寝坊した。
3 スーパーが移転した。
4 スーパーが閉まっていた。

解説 チャーリーが朝早くにスーパーに行ったところ it wasn't open yet（まだ開いていなかった）と述べられている。not open（開いていない）を closed（閉まっている）と言い換えた4が正解。not ~ yet で「まだ~ない」の意味。

英検では前置詞と他の単語の組み合わせについての問題がよく出題されます。間違いやすい前置詞の使い分けを問うクイズに挑戦して、得点力アップをはかりましょう。日本語の意味に合うように枠の中から前置詞を1つ選んで下の文の空所に入れてください。

---

at　　by　　for　　from　　in　　of　　on　　with

---

1 田舎での生活は大都市での生活と異なる。

The life in the countryside is different _____ the life in a big city.

2 私は間違ってジムの傘を家に持ち帰った。

I brought Jim's umbrella home _____ mistake.

3 マイクはイタリア料理を作るのが本当に上手い。

Mike is really good _____ cooking Italian food.

4 スーザンはよく部活のミーティングに遅れる。

Susan is often late _____ the club meeting.

5 何人かの生徒が授業にぎりぎり間に合って到着した。

Some students arrived just _____ time for the class.

6 私は医師として働く母を誇りに思っている。

I am proud _____ my mother working as a doctor.

7 当時は、ほとんどの人たちが徒歩で旅をしていた。

In those days, most people traveled _____ foot.

8 メアリーは中国語会話を学ぶことに興味がある。

Mary is interested _____ learning to speak Chinese.

答え | **1** from **2** by **3** at **4** for **5** in **6** of **7** on **8** in

DAY 8
ミニ模試

筆記試験・リスニングテスト

今日の課題

[目標解答時間：15 分＋リスニング]

1 次の（1）から（10）までの（　　）に入れるのに最も適切なものを 1, 2, 3, 4 の中から一つ選びなさい。

（1） A: Last Saturday, my cousins came to visit. We had a big dinner and enjoyed talking with each other.
B: That (　　　) like fun.

　　1 sounds 　　**2** cries 　　**3** feels 　　**4** plans

（2） A: What do you want to watch on TV?
B: There is a quiz show at 7 p.m. It's on (　　　) eight. Let's watch that.

　　1 place 　　**2** area 　　**3** side 　　**4** channel

（3） Matt usually leaves for work (　　　) eating breakfast. He has toast and coffee at a coffee shop near the station.

　　1 since 　　**2** between 　　**3** through 　　**4** without

（4） A: Linda, are you (　　　) for the party yet?
B: No, I don't know what I should wear.

　　1 needed 　　**2** signed 　　**3** moved 　　**4** dressed

（5） A: Excuse me. How can I get to the hospital?
B: Go three (　　　) and turn left.

　　1 sights 　　**2** facts 　　**3** models 　　**4** blocks

（6） When you speak in front of many people, you must speak in a (　　　) voice.

　　1 tall 　　**2** long 　　**3** loud 　　**4** wide

（**7**）I got this T-shirt for my birthday. At (　　　　), I didn't like the color very much, but now it's my favorite. I wear it all the time.

1 first　　　**2** front　　　**3** once　　　**4** then

（**8**）A: What did you buy for your brother, Nancy?
B: I bought him a (　　　　) of jogging shoes.

1 piece　　　**2** space　　　**3** pair　　　**4** time

（**9**）Students (　　　　) want to enter the speech contest have to come to the gym at lunchtime.

1 who　　　**2** what　　　**3** whose　　　**4** why

（**10**）A: It's Tom's birthday next Saturday. Let's (　　　　) him a present.
B: Good idea.

1 buy　　　**2** buys　　　**3** to buy　　　**4** buying

次の英文の内容に関して、(11)から (15)までの質問に対する答えとして最も適切なもの、または文を完成させるのに最も適切なものを 1, 2, 3, 4 の中から一つ選びなさい。

Valentinus

Many people around the world celebrate Valentine's Day. In some countries, people give chocolate or other gifts to friends and family. They do this to show their love for those people. However, the history of Valentine's Day is actually very sad. The name Valentine's Day comes from the name of a Roman priest* called Valentinus. He was born in the year 226.

In those days, Rome had a very large and strong army.* Many of the soldiers* in the army wanted to get married and have families. However, the leader of Rome, Claudius II, thought soldiers should not be married, so he made it a rule. After that, they could not get married anymore. Some soldiers broke the rule and got married, but they could not tell anyone.

Many priests were afraid of Claudius II, so they did not help soldiers to get married. However, Valentinus thought that men and women should get married and have families. So he helped soldiers when they wanted to get married. One day, when people found out Valentinus was doing this, he got in trouble and was put in jail.*

When Valentinus was in jail, he met a young girl who worked there. Every day, she brought food to Valentinus and talked with him, and they became good friends. But Claudius II decided to kill Valentinus. On the night before he died, Valentinus wrote a letter to the girl. He signed the letter, "Your Valentine." The next day, February 14, Valentinus was killed. However, today, many people celebrate love on this day.

*priest: 神父
*army: 軍隊
*soldier: 兵士
*be put in jail: 投獄される

(11) Valentine's Day was named after

1 a famous soldier.

2 a kind of chocolate.

3 a priest from Rome.

4 a place in Italy.

(12) Why did Claudius II make a new rule?

1 He didn't want soldiers to get married.

2 He didn't want children to become soldiers.

3 He wanted more families to live in Rome.

4 He wanted more people to become priests.

(13) What did Valentinus think?

1 The leader of Rome should be kinder to women.

2 Men and women should have families.

3 Priests shouldn't write letters.

4 Soldiers shouldn't go to war.

(14) What did Claudius II decide to do?

1 Write a letter to Valentinus.

2 Give food to poor people.

3 Help a young girl.

4 Kill Valentinus.

(15) What is this story about?

1 Some soldiers who went to war.

2 The history of Valentine's Day.

3 A leader of Rome who had a large family.

4 A priest who joined the army.

リスニングテスト

◀ 43 >>> 44

第 1 部　イラストを参考にしながら対話と応答を聞き、最も適切な応答を 1, 2, 3 の中から一つ選びなさい。英文は一度だけ放送されます。

No. 1 　　No. 2

◀ 45 >>> 46

第 2 部　対話と質問を聞き、その答えとして最も適切なものを 1, 2, 3, 4 の中から一つ選びなさい。英文は二度ずつ放送されます。

No. 3

1 One cup.
2 Two cups.
3 Five cups.
4 Six cups.

No. 4

1 The girl's team won its game.
2 The girl got a goal.
3 The boy went to a soccer game.
4 The coach was late.

| 第3部 | 英文と質問を聞き、その答えとして最も適切なものを 1, 2, 3, 4 の中から一つ選びなさい。英文は二度ずつ放送されます。 |

No. 5

1 She hurt her leg.
2 Her train was late.
3 She missed her train.
4 The station was crowded.

No. 6

1 At an airport.
2 At a hospital.
3 In a cafeteria.
4 In a museum.

■ 正解一覧

筆記試験

1

(1)	(2)	(3)	(4)	(5)
1	4	4	4	4

(6)	(7)	(8)	(9)	(10)
3	1	3	1	1

2

(11)	(12)	(13)	(14)	(15)
3	1	2	4	2

リスニングテスト

1

No. 1	No. 2
2	3

2

No. 3	No. 4
3	1

3

No. 5	No. 6
1	1

■ 訳と解説

筆記 1 短文の語句空所補充

(1) 正解 **1**

訳 A：先週の土曜日、いとこが家に来たんだ。大きな夕食会を開いて、一緒に楽しく話をしたんだよ。
B：それは楽しそうね。

　1 聞こえる　　2 泣く　　3 感じる　　4 計画する

解説 いとこと会って夕食会で一緒に話をしたという A に対する B の返事を考える。その場にはいなかったが A の話を聞いていて「楽しそうだ」という意味になるように 1 を選んで That sounds like fun とする。

(2) 正解 **4**

訳 A：テレビで何を見たいの？
B：午後 7 時にクイズ番組があるね、チャンネル 8 で。それを見よう。

　1 場所　　2 地域　　3 側　　4 チャンネル

解説 空所を含む文の主語 It（それ）は前文の a quiz show（クイズ番組）を指していて、A と B の話題はテレビで何を見るかなので、4 が正解。on channel ～で「～チャンネルで」の意味。

（3）　正解　4

訳　マットはだいたい朝食を食べずに仕事に行く。彼は駅の近くのコーヒーショップでトーストを食べてコーヒーを飲む。

1　～以来　　　2　～の間　　　3　～を通って　　4　～なしで

解説　第2文で a coffee shop（コーヒーショップ）でトーストを食べると書かれているので、マットは家では朝食を食べないのだと考えられる。否定の意味を持った前置詞 without（～なしに）が正解。without V-ing で「V しないで」の意味。

（4）　正解　4

訳　A：リンダ、もうパーティーの服は着たの？
　　B：いいえ、何を着たらいいのか分からないの。

1　必要とした　2　署名した　　3　移動した　　4　服を着ている

解説　B が what I should wear（何を着たらよいか）が分からないと言っているので、まだパーティー用の服に着替え終わっていないのだと考えられる。A の質問を作るために、4 dressed を選んで are you dressed ...?（服は着ていますか、身じたくは済んでいますか）とする。

（5）　正解　4

訳　A：すみません。どうすれば病院に行くことができますか？
　　B：3ブロック進んで、左に曲がってください。

1　観光地　　　2　事実　　　3　模型　　　4　ブロック

解説　病院に向かう A に B が行き方を説明している。どの程度まっすぐ進めばいいのか説明するには、空所に 4 blocks を入れて Go three blocks（3 ブロック進みなさい）とするのが良い。block（ブロック）は主に道路で区切られた区画を指す単語だ。

（6） 正解 **3**

訳　たくさんの人の前で話す時は、大きな声で話さなくてはいけない。

　　1 背が高い　　　**2** 長い　　　**3** 声が大きい　　　**4** 幅が広い

解説　たくさんの人の前で話す時にどのように話すべきかを考える。3 を入れると in a loud voice（大きな声で）となり文の意味が通る。他の選択肢はどれも voice（声）と意味的につながらない。

（7） 正解 **1**

訳　私は私の誕生日にこの T シャツをもらった。最初は色があまり好きでなかったが、今はお気に入りだ。ずっと着ている。

　　1 最初　　　**2** 前面　　　**3** 一度　　　**4** その時

解説　好きではなかった T シャツが今ではお気に入りになっているとあるので、now（今）と対比されるような過去の時間を表す表現が必要だ。1 か 4 に正解が絞られるが、4 then（その時）は副詞で前置詞 at を必要としないので、これは選べない。at first は「最初は」という意味で、後に状況が変化する場合に使う。at once は「ただちに」や「一度に」の意味。

（8） 正解 **3**

訳　A：ナンシー、弟には何を買ったの?
　　B：ジョギングシューズを 1 足買ったわ。

　　1 piece　　　**2** space　　　**3** pair　　　**4** time

解説　shoes（靴）などの 2 つで 1 組のものを数える場合は、a pair of shoes（1 足の靴）という形にして、2 組なら two pairs of shoes（2 足の靴）とする。pants / trousers（スボン）、glasses（メガネ）、socks（靴下）、scissors（はさみ）なども同じように pair を使って数える。

（9）　正解　1

訳　スピーチコンテストに参加したい学生は、昼休みに体育館に来なければなりません。

1　who　　　　　2　what　　　　　3　whose　　　　　4　why

解説　students を先行詞とする関係代名詞を選ぶ。先行詞が人の時に使われ直後の動詞 want の主語の働きをする who が正解。関係代名詞 who は代名詞 he（彼）や she（彼女）に相当する語だが、whose は his（彼の）や her（彼女の）などと同じ働きをするので後ろに名詞が必要だ。

（10）　正解　1

訳　A：来週の土曜日はトムの誕生日ね。彼にプレゼントを買いましょう。
B：いい考えだね。

1　buy　　　　　2　buys　　　　　3　to buy　　　　　4　buying

解説　「〜しましょう」と言う場合は Let's V 原形という形をとるので、1 buy が正解。Shall we V 原形 ？も「一緒に V しませんか」や「一緒に V しましょう」というほぼ同じ意味の表現だ。

ウァレンティヌス

　世界中のたくさんの人たちがバレンタインデーを祝う。一部の国々では、人々が友人や家族にチョコレートやその他の贈り物をあげる。彼らはこうした人たちに対する愛情を示すためにそのようにしている。しかし、バレンタインデーの歴史は実はとても悲しいものだ。バレンタインデーという名前は、ウァレンティヌスというローマの神父の名前に由来する。彼は226年に生まれた。

　当時ローマは非常に強大な軍隊を持っていた。軍隊の兵士の多くは結婚して家族を持ちたいと思っていた。しかし、ローマの指導者のクラウディウス2世は、兵士たちが結婚すべきではないと考えてそれを規則にした。それ以降、彼らは結婚できなくなった。規則を破って結婚した兵士もいたが、誰にも話せなかった。

　多くの神父たちはクラウディウス2世を恐れていたので、兵士たちが結婚するのを手助けしなかった。しかし、ウァレンティヌスは男性と女性が結婚して家族を持つべきだと考えていた。そのため、彼は兵士が結婚したいと思ったときに手助けした。ある日、ウァレンティヌスがこのようにしていることを人々が突き止めると、彼は窮地に立たされて投獄された。

　牢屋にいるとき、ウァレンティヌスはそこで働いていた少女に出会った。毎日彼女はウァレンティヌスに食べ物を運んできて彼と話をして、2人は良い友達になった。しかし、クラウディウス2世はウァレンティヌスを処刑することにした。死ぬ前の晩、ウァレンティヌスは少女に手紙を書いた。彼は手紙に「あなたのバレンタイン」と署名した。翌日の2月14日、ウァレンティヌスは処刑された。しかし、今日ではたくさんの人々がこの日に愛を祝っている。

(11)　正解　3

訳　バレンタインデーは…にちなんで名付けられた。

1　有名な兵士
2　チョコレートの一種
3　ローマの神父
4　イタリアの場所

解説　第 1 パラグラフ第 5 文に The name Valentine's Day comes from the name of a Roman priest (バレンタインデーという名前はローマの神父の名前に由来する) とあるので 3 が正解。name A after B で「Bにちなんで A に名前をつける」という意味。

(12)　正解　1

訳　クラウディウス 2 世はなぜ新しい規則を作ったのか。

1　兵士たちに結婚して欲しくなかった。
2　子どもたちに兵士になって欲しくなかった。
3　ローマにもっとたくさんの家族が住んで欲しかった。
4　もっとたくさんの人々に神父になって欲しかった。

解説　クラウディウス 2 世について、第 2 パラグラフ第 3 文で彼が soldiers should not be married (兵士たちは結婚すべきではない) と考えて he made it a rule (彼はそれを規則にした) と書かれているので、1 が正解。want O to V で「O に V して欲しい」という意味。

(13)　正解　2

訳　ヴァレンティヌスはどのように考えていたか。

1　ローマの指導者は女性にもっと優しくすべきだ。
2　男性と女性は家族を持つべきだ。
3　神父たちは手紙を書くべきではない。
4　兵士たちは戦争に行くべきではない。

解説　第 3 パラグラフ第 2 文にヴァレンティヌスは men and women should get married and have families (男性と女性が結婚して家族を持つべきだ) と考えていたと書かれているので、同じ内容の 2 が正解。

(14) 正解 4

訳 クラウディウス2世は何をすることを決めたか。

1 ウァレンティヌスに手紙を書く。
2 貧しい人々に食べ物を与える。
3 ある少女を助ける。
4 ウァレンティヌスを処刑する。

解説 第4パラグラフ第3文の Claudius II decided (クラウディウス2世は決めた) という表現を見つけられれば、その後の to kill Valentinus (ウァレンティヌスを殺すこと) の部分が答えに該当すると分かる。

(15) 正解 2

訳 この話の話題は何か。

1 戦争に行った兵士たち。
2 バレンタインデーの歴史。
3 大家族だったローマの指導者。
4 軍隊に加わった神父。

解説 第1パラグラフ第4文で the history of Valentine's Day (バレンタインデーの歴史) は実はとても悲しいものだと述べられていて、どのような歴史なのかが、名前の由来であるウァレンティヌスに焦点を当てて第2パラグラフ以降で説明されているので、2が正解。

リスニング 第1部　会話の応答文選択

No. 1

◀ 43

スクリプト　**M:** Is that our new manager?
　　　　　W: Yes, he just started today.
　　　　　M: He looks young.
　　　　　　　1 We finished early.
　　　　　　　2 I think he's about 40.
　　　　　　　3 I went there.

訳　　男性：あの人が僕らの新しいマネージャー？
　　　女性：ええ、今日から働き始めたばかりよ。
　　　男性：若そうだね。

正解　2

選択肢の訳　**1** 私たちは早くやり終えたわ。
　　　　　2 40歳くらいだと思うわ。
　　　　　3 私はそこに行ったわ。

解説　新しいマネージャーについて、男性が He looks young（彼は若そうだね）
と言っているので、それに続く女性の発言として年齢について述べている **2**
がふさわしい。look + 形容詞は「～のようだ、～に見える」の意味。

No. 2

◀44

スクリプト	

M: How often do you play basketball?

W: Almost every day.

M: Do you always play here?

    1 No, this ball is new.

    2 No, I'll ask the captain.

    3 No, I usually play at school.

訳 　男性：どのくらいの頻度でバスケットボールをしてるの。

女性：ほぼ毎日ね。

男性：いつもここでやっているの？

正解 　**3**

選択肢の訳 　**1** いいえ、このボールは新しいわ。

    2 いいえ、キャプテンに聞いてみるわ。

    3 いいえ、いつもは学校でやってるわ。

解説 　バスケットボールを毎日しているという女性に、男性が Do you always play here?（いつもここでやっているの？）と質問している。選択肢は全て No（いいえ）で始まっているので、別の場所を示している 3 が正解。

No. 3

スクリプト

M: Are you making lemonade, Mom?

W: Yes. Why don't you help me?

M: OK. What can I do?

W: Bring me five cups of water and cut six lemons.

Question: How much water does the boy's mother need?

訳

男性：お母さん、レモネードを作ってるの？

女性：ええ。手伝ってくれる？

男性：いいよ。何したらいい？

女性：水を5杯持ってきて、レモンを6個切ってちょうだい。

質問：男の子の母親が必要としている水の量はどれくらいか。

正解 3

選択肢の訳

1 1杯。

2 2杯。

3 5杯。

4 6杯。

解説 レモネードを作っている母親が息子に Bring me five cups of water and cut six lemons（水を5杯持ってきて、レモンを6個切ってちょうだい）と頼んでいる。質問では水の量が問われているので、3が正解。数字は音で聞き取るだけでなく目で見て綴りからも素早く認識できるようにしておこう。

No. 4

スクリプト **M:** Sorry I couldn't go to your soccer game last Friday.
W: That's OK.
M: Did your team win?
W: Yes, but I didn't get any goals.
Question: What happened last Friday?

訳 男性：先週の金曜日にサッカーの試合に行けなくてごめん。
女性：大丈夫よ。
男性：チームは勝ったの？
女性：ええ、でも私はゴールできなかったわ。
質問：先週の金曜日に何があったか。

正解 1

選択肢の訳 1 女の子のチームが試合に勝った。
2 女の子がゴールした。
3 少年がサッカーの試合に行った。
4 コーチが遅れた。

解説 冒頭に男の子が I couldn't go to your soccer game last Friday（僕は先週の金曜日に君のサッカーの試合に行けなかった）と言っているので、その日に女の子がサッカーの試合に出場したことが分かる。Did your team win?（チームは勝ったの？）という男の子の質問に女の子は Yes（ええ）と答えているので、これらの情報を総合して 1 が選べる。

No. 5

◀ 47

スクリプト When Donna got off the train this morning, she fell down and hurt her leg. She could only walk very slowly from the station to her office, so she was 20 minutes late.
Question: Why was Donna late for work?

訳 ドナは今朝電車を降りたとき、彼女は転んで足を痛めた。駅から職場までとてもゆっくりとしか歩くことができなかったので、彼女は20分遅れた。
質問：ドナはなぜ仕事に遅れたのか。

正解 1

選択肢の訳 1 彼女は足を痛めた。
2 列車が遅れた。
3 電車に乗り遅れた。
4 駅が混んでいた。

解説 ドナの動作をしっかり聞き取り、話の展開を把握しよう。第1文で電車を降りるときに she fell down and hurt her leg（彼女は転んで足を痛めた）と述べられていて、この結果が第2文で説明されていると考えられるので、1が正解。

No. 6

スクリプト Attention, passengers. The next plane to Houston will leave in 20 minutes. People flying to Houston should go to Gate A5 now. The flight to Chicago will be late because of bad weather.
Question: Where is the woman talking?

訳 乗客の皆様にお知らせいたします。ヒューストン行きの次の飛行機は 20 分後に出発いたします。ヒューストン行きのお客様はただちに A5 ゲートにお進みください。シカゴ行きの便は悪天候のため出発が遅れる予定です。
質問：女性はどこで話しているか。

正解 1

選択肢の訳 1 空港で。
2 病院で
3 食堂で。
4 博物館で。

解説 冒頭の Attention, passengers（乗客の皆様にお知らせいたします）から交通機関に関わるアナウンスだと分かる。その後に plane（飛行機）や flying（飛行機で移動する）や flight（航空便）などの単語が登場するので、正解が 1 だと確認できる。

DAY 9
ミニ模試

英作文

今日の課題

- 英作文問題 1問
- 英作文上達トレーニング
  - ▶トレーニング 1
  - ▶トレーニング 2

[目標解答時間：15分]

- あなたは、外国人の友達から以下の QUESTION をされました。
- QUESTION について、あなたの考えとその<u>理由を 2 つ</u>英文で書きなさい。
- 語数の目安は 25 語～ 35 語です。
- 解答が QUESTION に対応していないと判断された場合は、<u>0 点と採点されること</u>が<u>あります。</u>QUESTION をよく読んでから答えてください。

QUESTION

What day of the week do you like the best?

Day 3 と Day 6 の 2 回の演習を通じて、自分の力で解答する力がついてきたのではないでしょうか。今回で英作文の演習も最後ですから、総仕上げとして時間に余裕を持って解答できることを目指しましょう。トレーニング 1 で「内容」と「構成」に注意を払いながら解答を作成したら、トレーニング 2 で「語い」と「文法」の強化を図りましょう。

MEMO

ミニ模試

DAY 1

DAY 2

DAY 3

DAY 4

DAY 5

DAY 6

DAY 7

DAY 8

DAY 9

DAY 10

■ トレーニング1

いきなり英語で書き始めようとしても行き詰まってしまいます。3つのStepで着実に解答を作成していきましょう。高評価される解答にするには、問題の指示を確認しながら内容について考え、決まったパターンの英文を書くのが鉄則です。

Step 1 自分の意見を決めよう！

　英作文の問題では、必ず「あなたの考え」を書くように指示されます。この問題で問われているのは、何曜日が一番好きかです。直感で構いませんので、どれか曜日を1つ選びましょう。

QUESTION

What day of the week do you like the best?

質問の訳

あなたは何曜日が一番好きですか。

Step 2 理由を書き出してみよう！

　問題の指示文には、あなたの考えについて「その<u>理由を2つ</u>」書くようにとあります。**Step 1** で選んだ自分の意見の理由を少し多めに5つ挙げてみましょう。この段階では日本語で構いません。

● 「＿＿＿＿＿＿＿＿ が一番好きだ」

理由

1

2

3

4

5

Step 2 の記入例

　Step 1 で決めた自分の意見について、その理由を 5 つ挙げられましたか？ ここでは曜日を 2 つ取り上げ、選ぶ理由として考えられるものを下に 10 個列挙します。皆さんが考えた理由やそれに近いものを探してみましょう。

● 「土曜日が好きだ」の場合

　理由

1　学校が休みだから遊びに行ける

2　次の日も休みだから気持ちに余裕がある

3　好きな本をたくさん読める

4　繁華街に行ける

5　おじいちゃんおばあちゃんに会いに行ける

6　遊園地で一日中遊べる

7　他の学校の友達と会える

8　バイオリンをたくさん弾ける

9　家族でお出かけできる

10　時間を気にせずに一日を過ごせる

● 「木曜日が好きだ」の場合

　理由

1　あと一日で週末、がんばれる

2　部活が休みで早く帰れる

3　学校が普段よりも早く終わる

4　毎週木曜日はジムで筋トレ

5　練習試合が木曜日に多い

6　楽しいバイオリンのレッスンの日

7　プールに行く日

8　好きな音楽の授業の日

9　週末のことを考えるのが楽しい

10　親が早く帰るから家族団らんの日

自分の解答をまとめよう！

　最後に、「早わかりガイド」で説明したパターン通りに英語で解答を作ります。解答に必要な文の数は 4 つでしたね。定型文と定型表現を使いながら、Step 1 と Step 2 で考えた内容を埋めて自分の解答を完成させましょう。

第 1 文 自分の意見

I like _____ the best.

第 2 文 理由は 2 つ

I have two reasons.

第 3 文 理由 1

First, _____.

第 4 文 理由 2

Second, _____.

Step 3 の記入例

　2つの意見で書かれた解答例を見てみましょう。 **Step 2** で挙げられた理由の中から2つを採用して書かれています。シンプルな表現だけでもきちんと解答できるんだ、ということを確認してください。

●「土曜日が好きだ」の場合

　　解答例　　（理由1と2）

I like Saturdays the best. I have two reasons. First, there are no classes on Saturdays, and I can go out with my friends. Second, the next day is also a holiday, so I can relax. (36 語)

　　解答例訳

私は土曜日が最も好きです。理由が2つあります。第1に、土曜日に授業がないので友達と出かけることができます。第2に、次の日も休日なので、リラックスできます。

●「木曜日が好きだ」の場合

　　解答例　　（理由7と1）

I like Thursdays the best. I have two reasons. First, I go to the swimming pool every Thursday, and it is very fun. Second, the weekend is near, so I can study hard. (32 語)

　　解答例訳

私は木曜日が最も好きです。理由が2つあります。第1に、私は毎週木曜日にプールに通っていて、とても楽しいです。第2に、週末が近づいていて、勉強をがんばることができます。

　トレーニング1では3つのStepで決められたパターンに従って解答を作成してみました。そうすることで「内容」と「構成」の採点基準を満たした解答が出来上がったはずです。ここでは1つ1つの英文を作る訓練をしましょう。左ページの文は Step 2 で列挙した理由に文字数を稼ぐために内容的な肉付けをしたものです。これを見て右ページの英語の文がすぐに書けるようになるまで何度も練習しましょう。 POINT ）では表現や文法に関する要点を説明しましたので、残りの採点基準である「語い」と「文法」についても意識して取り組みましょう。

● 「土曜日が好きだ」の場合

1 土曜日は授業がなく、友達と出かけることができる。

2 次の日も休日なので、リラックスできる。

3 好きな本を好きなだけ読める。

4 楽しい時間を過ごすために町の中心地に行くことができる。

1 There are no classes on Saturdays, and I can go out with my friends.

POINT

「遊ぶ」は play で表現できるが、I can play with my friends だと小さな子どものイメージが強い。「友人と外出できる」と言い換えてみよう。

2 The next day is also a holiday, so I can relax.

POINT

relax「リラックスする」のかわりに feel relaxed「ゆったりとした気分になる」という定型表現を使っても良い。

3 I can read as many books as I like.

POINT

as many 〜 s as I like「好きなだけたくさん」。名詞を as ... as の間に入れるのがポイント。

4 I can go out into the city center to have a good time.

POINT

223 ページの理由**4**「繁華街に」は downtown の 1 語で表現できるが 3 級レベルを超えるので、into the city center とした。

5 土曜日には祖父母を訪ねることができる。

6 遊園地で一日中楽しむことができる。

7 他の学校の友達と会うことができる。

8 バイオリンを好きなだけ弾ける。

9 土曜日には家族で外出ができる。

10 土曜日は時間を気にしなくてよい。

5 I can visit my grandparents on Saturdays.

POINT　visit は他動詞なので、直後に目的語となる名詞を伴う。to は不要。

6 I can have a good time all day at the amusement park.

POINT　all day「一日中」。amusement park「遊園地」。

7 I can meet my friends from other schools.

POINT　「友達」の数に注意しよう。日本語では名詞の数は表さないのが普通だが、英語の数えられる名詞では数を表す必要がある。

8 I can play the violin as long as I want.

POINT　**3**との違いに注意。楽器の演奏は数ではないので、「時間を気にせずしたいだけ」という意味で as long as I want とする。

9 I can go out with my family on Saturdays.

POINT　go out で「外出する」の意味。「外出」の意味の名詞 outing も覚えておこう。

10 I don't have to worry about time on Saturdays.

POINT　「気にしない」は「心配しない」と言い換えた。worry about ～「～について心配する」。

- ●「木曜日が好きだ」の場合
  1. 週末が近づいているから、勉強をがんばることができる。

  2. 木曜日は部活が休みなので、早く帰れる。

  3. 木曜日は午前授業なので、早く帰れる。

  4. 木曜日はたいていジムで重量トレーニングをする。

  5. 私の部活では木曜日に練習試合をよくする。

  6. 木曜日にはバイオリンのレッスンがあって楽しい。

1 The weekend is near, so I can study hard.

「あと1日で週末」と言いたいところをシンプルに「週末が近い」とした。

2 My club activity is off on Thursdays, so I can go home early.

仕事や普段の活動が休みであることを副詞 off で表現できる。「今日はオフの日」のオフと同じ意味。

3 Classes are only in the morning on Thursdays, so I can go home early.

「午前授業」を「授業が午前中だけだ」と言い換える。

4 I usually do weight training at the gym on Thursdays.

weight「重量」が思い出せなければ、単に training だけでも良いだろう。

5 My school club often has practice games on Thursdays.

練習試合「practice games」。日本語で「試合がある」は英語では have games のように表現する。

6 I have violin lessons on Thursdays, and I enjoy them.

毎週繰り返されるレッスンだから lessons と複数形。後半は、「毎回毎回楽しいレッスン」という意味で I enjoy it とも言えるが、ここでは数を合わせ I enjoy them とする。

7 毎週木曜日にプールに通っていて、とても楽しい。

8 大好きな音楽の授業が木曜日にあって、歌うのを楽しみます。

9 木曜日になると週末のことについて考えて、それが楽しい。

10 木曜日は両親が早く帰ってくるので、一家団らんできる。

7 I go to the swimming pool every Thursday, and it is very fun.

POINT 「木曜日に」は on Thursdays の他に、毎週繰り返されることなので every Thursday とも言える。fun は不可算名詞なので a をつけないように注意。

8 My favorite class, music, is on Thursdays, and I enjoy singing.

POINT 「楽しい」は、**7**の it's fun に加えて enjoy ~を使っても表現できる。

9 On Thursdays I think about my weekend plans, and it is fun.

POINT 「週末のこと」は「私の週末の計画」と言い換える。

10 On Thursdays my parents come home early, so we can have dinner together.

POINT 「一家団らん」は together「一緒に」を使って「一緒に夕飯を食べられる」と言い換えれば表現できる。

　英検では前置詞と他の単語の組み合わせについての問題がよく出題されます。間違いやすい前置詞の使い分けを問うクイズに挑戦して、得点力アップをはかりましょう。日本語の意味に合うように枠の中から前置詞を1つ選んで下の文の空所に入れてください。

at	by	for	from	in	of	on	with

1 函館は美しい夜景で有名だ。

Hakodate is famous _____ its beautiful night view.

2 日本ではほとんどの列車が時間通りに到着する。

Most trains arrive _____ time in Japan.

3 その山は冬になると雪に覆われる。

The mountain is covered _____ snow in the winter.

4 最初は、私はテニスが上手くなかった。

_____ first, I was not a good tennis player.

5 風邪をひいたのでジェーンは昨日学校を欠席した。

Jane was absent _____ school yesterday because she had a cold.

6 ところで、明日一緒に映画を観に行きませんか。

_____ the way, shall we go to the movie tomorrow?

7 マイクは数ヶ国語、例えばフランス語とドイツ語が話せる。

Mike can speak several languages, _____ example French and German.

8 私は読書が大好きで、実際に昨日図書館で何冊か本を借りた。

I love reading books. _____ fact, I borrowed some books from the library yesterday.

答え　**1** for　**2** on　**3** with / in　**4** At　**5** from　**6** By　**7** for　**8** In

DAY 10
ミニ模試

二次試験

今日の課題

Eating Fish

In Japan, many people enjoy eating fish. Fish tastes good when it is fresh, so it is sold at markets early in the morning. Eating fish can be very good for your health.

ミニ模試最後の Day 10 では二次試験の演習を 2 回行います。まずは、右ページの指示と質問を聞きながら自分の力で音読と質疑応答に取り組みましょう。次に、238 ページからの解答例を文字と音声の両方で確認してください。そして、音声を繰り返し聞きながら何度も音読して試験本番に備えましょう。

First, please read the passage silently for 20 seconds.
<20 seconds>
Now, please read it aloud.

Now I'll ask you five questions.

No. 1 Please look at the passage. Why is fish sold at markets early in the morning?

No. 2 Please look at the picture. What is the man with glasses carrying?

No. 3 Please look at the woman. What is she going to do?

Now, please turn the card over.

No. 4 What do you usually do after dinner?

No. 5 Have you ever been on a plane?
　　　 Yes. → Please tell me more.
　　　 No. → What did you do last Sunday?

■ 音読練習

　音読は何と言ってもネイティブの読み上げ方を何度も繰り返し聞いて、それを自分で真似することが一番です。問題カードの英文を以下に再掲載しますが、区切れる箇所と特に強く読む語句を太字にしてあります。057 ページの手順に従って何度も練習しましょう。

Eating Fish ◀50 >>> 52

①In **Japan**, / **many** people **enjoy** eating **fish**. / ②**Fish** tastes **good** / when it is **fresh**, / so it is **sold** / at **markets** / **early** in the **morning**. / ③**Eating** fish / can be **very** good / for your **health**. /

解説

① fish の fi は日本語の「フィ（唇をすぼめて出す音）」とは異なる。上の歯を下唇に添えて少しこすらせるように「フィ」と発音する。② fresh の f も同じ。すぐに re を発音し、f と re のあいだに母音を入れてはいけない。sold は、まず「ソー」に続けて舌の先端を上の歯茎に一度しっかり当てる。そのまま発生を続けると「ウ」のような音が出るだろう。それから勢いよくその舌をはじく。③ health の最後の「ス」の部分は、日本語の「ス」を言ってみて、それから舌の位置を上の歯の裏側に下げてみよう。それが th の音である。

問題カードの訳

魚を食べる

日本では多くの人々が魚を食べるのを楽しむ。魚は鮮度が良いと美味しいので、市場では朝早くに売られている。魚を食べることは、健康にとっても非常に良い。

■ 質疑応答の例

　音読が終わると面接委員から 5 つの質問をされます。最初の 3 つは問題カードを見ながら答えますが、残りの 2 つではカードを見ないで自分の意見を述べることが求められます。まず、スクリプトで質問の内容や模範的な応答の分量を把握し、解説で解答の仕方を確認しましょう。次に、音声を繰り返し聞いてから、受験者の解答例が滑らかに口をついて出て来るまで音読をしてください。シミュレーションと口慣らしをしておくと自信につながります。

No. 1　　　　　　　　　　　　　　　　　◀ 53

Examiner: Please look at the passage. Why is fish sold at markets early in the morning?

　面接委員：パッセージを見てください。どうして魚は朝早く市場で売られるのでしょうか。

Examinee: Because it tastes good when it is fresh.

　受験者：魚は鮮度が良いと美味しいからです。

解説

why ～（なぜ～?）と理由を問われているから、解答は because「なぜなら」で始める。魚が市場で朝早くに売られていることは第 2 文で言及されている。接続詞 so は結果を表す時に使われるので、その前の内容が理由に相当する。「魚は、それが新鮮な時が美味しい味がする」という意味の表現にする。「～の味がする」は taste + 形容詞で、「新鮮な」は fresh。日本語の「～なら」「～だと」は、if よりも when を使うとしっくりくることが多い。

No. 2

◀54

Examiner: Please look at the picture. What is the man with glasses carrying?

面接委員: イラストを見てください。メガネをかけた男性は何を運んでいますか。

Examinee: He's carrying a box.

受験者: 箱を運んでいます。

解説

質問文の時制に合わせて、現在進行形で答える。「運ぶ」は carry で、箱は「box」。box は数えられる名詞で、1 つであることを示すために冠詞の a を忘れずに付け加える。He is.../ He's...はどちらでもよいが、短縮形 He's の方が話し言葉の印象が強い。

No. 3

◀55

Examiner: Please look at the woman. What is she going to do?

面接委員: 女性を見てください。彼女は何をしようとしていますか。

Examinee: She's going to sit down.

受験者: 彼女は座ろうとしています。

解説

英検のイラストでは、登場人物がこれからしようと思っていることを吹き出し中の絵で表現することが多い。よくあるパターンなので、吹き出しの絵を未来形で表現する練習をしておこう。質問文に合わせて、She is going to 〜の形で文を作る。

No. 4

Examiner: What do you usually do after dinner?

面接委員：夕食後はいつも何をしますか。

Examinee: I play with my dog.

受験者：犬と遊びます。

解説

質問の前に please turn the card over（問題カードを裏返してください）という指示があるのでそれに従う。以下の2点に注意。①英語では「いつもしていること」は現在形で表す。だから I'm playing ではなく I play。②英語では「人に関係する人やモノ」には所有格をつけるのが基本である。だから遊ぶ犬が「自分の家で飼っている犬」なら a dog ではなく my dog と表現する。

No. 5

Examiner: Have you ever been on a plane?

面接委員：飛行機に乗ったことはありますか。

Examinee A: Yes. → Please tell me more.
I went to Okinawa last summer.

受験者A：はい。→もっとくわしく説明してください。
去年の夏に沖縄に行きました。

Examinee B: No. → What did you do last Sunday?
I saw a movie.

受験者B：いいえ。→先週の日曜日は何をしましたか。
映画を見ました。

解説

Yes/No タイプの疑問である。だから Yes/No で答える。Yes と答えればもっとくわしく説明するように促されるから、飛行機に乗っていつどこに行ったかを答える。No の場合は別の質問をされる。今回のように、直前の質問とは全く関係のないこともある。movie は数えられる名詞なので、a を忘れずに付け加える。

DAY 1 DAY 2 DAY 3 DAY 4 DAY 5 DAY 6 DAY 7 DAY 8 DAY 9 DAY 10

問題カード

A Popular Food

Tempura is a popular Japanese food. Fresh vegetables and seafood are cooked in hot oil. Many people enjoy eating tempura at restaurants, but some people like to make tempura at home.

2回目の演習です。まずは、右ページの指示と質問を聞きながら自分の力で音読と質疑応答に取り組みましょう。次に、244ページからの解答例を文字と音声の両方で確認してください。そして、音声を繰り返し聞きながら何度も音読して試験本番に備えましょう。

First, please read the passage silently for 20 seconds.
<20 seconds>
Now, please read it aloud.

Now I'll ask you five questions.

No. 1 Please look at the passage. Where do many people enjoy eating tempura?

No. 2 Please look at the picture. What is the woman looking at?

No. 3 Please look at the man with a cap. What is he doing?

Now, please turn the card over.

No. 4 What kind of pet do you want?

No. 5 Do you like to go shopping?
Yes. → What do you like to buy?
No. → Where do you like to go with your friends?

■ **音読練習**

　音読は何と言ってもネイティブの読み上げ方を何度も繰り返し聞いて、それを自分で真似することが一番です。問題カードの英文を以下に再掲載しますが、区切れる箇所と特に強く読む語句を太字にしてあります。057ページの手順に従って何度も練習しましょう。

A Popular Food　　◀ 59 >>> 61

①**Tempura** / is a **popular** Japanese **food**. / ②Fresh **vegetables** and **seafood** / are **cooked** / in **hot** oil. / ③**Many** people / **enjoy** eating **tempura** / at **restaurants**, / but **some** people like to **make** tempura / at **home**. /

解説

①日本語では全ての音が同じ長さの拍で発音されるが、英語は違う。Japanese は最初の a が少し長めになるので、「ジャーパニーズ」と発音すると雰囲気が出る。② fresh の f と r の間に母音を入れないよう気を付ける。vegetables の v は、f と音の出し方は同じ。濁音のイメージで発音する。③ home の o は「オゥ」とウの音が入る。「ホー」ではなく「ホゥム」と発音する。

問題カードの訳

人気の食べ物

天ぷらは人気の日本食である。新鮮な野菜やシーフードが熱した油の中で調理される。多くの人はレストランで天ぷらを食べるのを楽しむが、自宅で天ぷらを作るのが好きな人もいる。

■ 質疑応答の例

　音読が終わると面接委員から 5 つの質問をされます。最初の 3 つは問題カードを見ながら答えますが、残りの 2 つではカードを見ないで自分の意見を述べることが求められます。まず、スクリプトで質問の内容や模範的な応答の分量を把握し、解説で解答の仕方を確認しましょう。次に、音声を繰り返し聞いてから、受験者の解答例が滑らかに口をついて出て来るまで音読をしてください。シミュレーションと口慣らしをしておくと自信につながります。

No. 1　　　　　　　　　　　　　　　　　　　　　　　　　　　◀62

Examiner: Please look at the passage. Where do many people enjoy eating tempura?

　面接委員：パッセージを見てください。多くの人々が天ぷらを食べるのを楽しむのはどこでしょうか。

Examinee: They enjoy tempura at restaurants.

　受験者：レストランで天ぷらを楽しみます。

解説

疑問文が Where で始まっているので、場所を答える。正確には where は「どこ（名詞）」ではなく「どこに（副詞）」。だからその答えも「レストラン restaurants（名詞）」ではなく「レストランで at restaurants（副詞句）」と表現する。レストランは数えられる名詞なので、数を表現するのを忘れないよう注意する。パッセージに合わせて restaurants と複数形で表現すれば間違いない。

No. 2

◀ 63

Examiner: Please look at the picture. What is the woman looking at?

　面接委員：イラストを見てください。女性は何を見ていますか。

Examinee: She's looking at a menu.

　受験者：メニューを見ています。

解説

質問文の時制に合わせて、現在進行形で答える。「〜を見る」は look at 〜。前置詞 at を忘れないように気をつけよう。menu は数えられる名詞なので、ここでは単数形で a menu と表現する。

No. 3

◀ 64

Examiner: Please look at the man with a cap. What is he doing?

　面接委員：帽子をかぶっている男性を見てください。何をしていますか。

Examinee: He's washing the dishes.

　受験者：食器を洗っています。

解説

質問文の時制に合わせて、同じ現在進行形で答える。「食器を洗う」は wash the dishes だが、これは定型表現なのでそのまま使う。He is.../ He's...はどちらでもよいが、短縮形 He's の方が話し言葉の印象が強い。

No. 4

◀65

Examiner: What kind of pet do you want?

　面接委員：どんな種類のペットが欲しいですか。

Examinee: I want a dog.

　受験者：犬を飼いたいです。

解説

質問の前に please turn the card over（問題カードを裏返してください）という指示があるのでそれに従う。ここからは問題カードとは関係のない質問がされ2問つづく。「どんな種類のペット」と質問されているので、欲しいペットの種類を答える。dog は数えられる名詞なので、数を正確に表すこと。ここでは a dog としたが、2匹以上飼いたければ dogs でも構わない。

No. 5

◀66

Examiner: Do you like to go shopping?

　面接委員：買い物に行くことは好きですか。

Examinee A: Yes. → What do you like to buy?
　　　　　　　I like to buy T-shirts.

　受験者A：はい。→何を買うのが好きですか。
　　　　　　Tシャツを買うのが好きです。

Examinee B: No. → Where do you like to go with your friends?
　　　　　　　I like to go to concerts.

　受験者B：いいえ。→友達とどこに行くのが好きですか。
　　　　　　コンサートに行くのが好きです。

解説

Yes/No タイプの疑問である。だから Yes/No で答える。Yes と答えればもっと詳しく説明するように促されるから、質問に従って詳しく説明する。No ならば別の質問をされる。Where の注意点については、No.1 の解説を参照。

英検では前置詞と他の単語の組み合わせについての問題がよく出題されます。間違いやすい前置詞の使い分けを問うクイズに挑戦して、得点力アップをはかりましょう。日本語の意味に合うように枠の中から前置詞を 1 つ選んで下の文の空所に入れてください。

---

at　　by　　for　　from　　in　　of　　on　　with

---

1 マイクは来年の夏初めてスペインを訪れることになっている。

Mike is going to visit Spain _____ the first time next summer.

2 その兵士たちは死を恐れなかった。

The soldiers were not afraid _____ death.

3 兄は大阪で 5 年間一人暮らししている。

My brother has lived _____ himself in Osaka for five years.

4 ついに、セーラはその分厚い本を読み終えた。

_____ last, Sarah finished reading the thick book.

5 もしかすると将来は人々が月で生活し始めるかもしれない。

Maybe people will start to live on the moon _____ the future.

6 ケンは夕食前に宿題で忙しかった。

Ken was busy _____ his homework before dinner.

7 私たちはみなジェーンの結婚の知らせに驚いている。

We are all surprised _____ the news of Jane's marriage.

8 リズはクラシック音楽が大好きだ。その一方で、彼女はいくつかのロックバンドの大ファンでもある。

Liz loves classical music. _____ the other hand, she is also a big fan of some rock bands.

答え　**1** for　**2** of　**3** by　**4** At　**5** in　**6** with　**7** at / by　**8** On

英検 3 級
でる単語リスト200

このコーナーでは、ミニ模試の読解問題に登場した頻出単語約200語を、各DAYの各問題、各パラグラフごとにまとめてありますので、総仕上げとして取り組んでください。赤シートを使って意味が言えるようにするのが第一段階です。概ねできるようになったら、該当するDAYの問題文に戻り、英文を何度も読み込みましょう。

DAY 1

筆記試験 3　　　　（→ 070 ページ）

□ camp	名 キャンプ
□ cost	名 費用
□ pay	動 （お金を）支払う
□ on	前 （特定の日）に
□ seventh-grade	形 7 年生（中学 1 年生に相当する）の
□ go camping	熟 キャンプに行く
□ go hiking	熟 ハイキングに行く
□ barbecue	名 バーベキュー
□ bring	動 持ってくる
□ clothes	名 衣服

□ leave	動 出発する
□ at	前 ～時に
□ a.m.	副 午前
□ arrive at	熟 ～に着く
□ noon	名 正午
□ don't have to V	熟 V しなくていい
□ sign up	熟 申し込む
□ by	前 ～までに
□ meeting	名 ミーティング
□ library	名 図書館
□ p.m.	副 午後

DAY 2

筆記試験 2　　　　（→ 088 ページ）

□ church	名 教会
□ charity	名 チャリティ
□ event	名 イベント
□ sick	形 病気の
□ children	名 子供たち（child の複数形）
□ look for	熟 ～を探す
□ toy	名 おもちゃ
□ for	前 ～のための
□ much more	熟 ずっと多くのもの
□ date	名 日付
□ November	名 11 月
□ place	名 場所
□ field	名 競技場
□ street	名 通り
□ behind	前 ～の後ろに
□ post office	名 郵便局
□ hold	動 開催する
□ city hall	名 市役所

□ need	動 必要とする
□ support	名 支援
□ send	動 送る
□ hospital	名 病院
□ India	名 インド
□ find out	熟 調べる
□ about	前 ～について
□ check	動 調べる
□ website	名 ウェブサイト
□ below	副 以下の

DAY 4

筆記試験 3　　　　　（→ 124 ページ）

メール 1 通目

- □ June 　　　　　名 6月
- □ subject 　　　　名 件名
- □ idea 　　　　　名 アイディア
- □ last week 　　　熟 先週
- □ summer vacation
　　　　　　　　　名 夏休み
- □ go swimming 　熟 泳ぎに行く
- □ pool 　　　　　名 プール
- □ ask A for B 　　熟 A に B を頼む
- □ should 　　　　助 ～すべきだ
- □ part-time job 　名 アルバイト
- □ guess 　　　　動 推測する
- □ right 　　　　　形 正しい
- □ anyway 　　　　副 それで
- □ decide to V 　　熟 V することを決める
- □ own 　　　　　形 自分自身の
- □ business 　　　名 商売
- □ be going to V 　熟 V するつもり
- □ visit 　　　　　動 訪れる
- □ each 　　　　　形 それぞれの
- □ for 　　　　　前 （金額）で
- □ already 　　　　副 すでに
- □ ask 　　　　　動 尋ねる
- □ interested 　　　形 興味がある
- □ how about 　　熟 ～はどうですか

- □ grandma 　　　名 おばあちゃん
- □ would like ~ to V
　　　　　　　　　熟 ～に V してほしい
- □ sometime 　　　副 いつか

メール 2 通目

- □ call 　　　　　動 電話する
- □ worried 　　　　形 心配している
- □ do well 　　　　熟 成績が良い
- □ math 　　　　　名 数学
- □ be sure 　　　　熟 確信している
- □ next time 　　　熟 次回に
- □ great 　　　　　形 すばらしい
- □ could you V ? 　熟 V してもらえますか？
- □ usually 　　　　熟 普段は
- □ get old 　　　　熟 歳をとる
- □ hard 　　　　　形 大変な
- □ these days 　　熟 最近は
- □ once 　　　　　副 1 回
- □ a 　　　　　　冠 ～ごとに
- □ noon 　　　　　名 正午
- □ pay 　　　　　動 お金を払う
- □ of course 　　　熟 もちろん
- □ would like to V
　　　　　　　　　熟 V したいと願う
- □ also 　　　　　副 ～も
- □ tuna 　　　　　名 ツナ
- □ by 　　　　　前 ～までに
- □ let ~ know 　　熟 ～に知らせる

DAY 5

筆記試験 2　　　　　（→ 144 ページ）

メール 1 通目

- □ July 　　　　　名 7月

- □ poster 　　　　名 ポスター
- □ about 　　　　前 ～について
- □ hip-hop dance 　名 ヒップホップダンス
- □ at 　　　　　前 （特定の場所）で

□ junior high school
　　　　　　　　名 中学校
□ take lessons　　熟 レッスンを受ける
□ weekday　　　　名 平日
□ practice　　　　名 練習
□ after school　　熟 放課後に
□ perform　　　　動 公演する
□ never　　　　　副 一度も〜ない
□ before　　　　　副 以前に
□ best regards　　熟 よろしくお願いします
　　　　　　　　（手紙の最後の挨拶）

メール2通目

□ free　　　　　　形 無料の
□ lesson　　　　　名 レッスン
□ the other　　　代 （2つのうちの）もう
　　　　　　　　一つ
□ one　　　　　　代 もの（名詞の代わりを
　　　　　　　　する）
□ just　　　　　　副 ちょうど
□ so　　　　　　　接 だから
□ still　　　　　　副 まだ
□ only　　　　　　副 〜だけ
□ hope　　　　　動 願う

□ another　　　　形 さらなる
□ join　　　　　　動 加わる
□ soon　　　　　　副 すぐに
□ every　　　　　形 毎〜
□ festival　　　　名 祭り
□ hard　　　　　　副 一生懸命に
□ enjoy　　　　　動 楽しむ
□ bring　　　　　動 持ってくる
□ towel　　　　　名 タオル
□ wear　　　　　　動 身につける
□ comfortable　　形 心地よい
□ sincerely　　　副 敬具（手紙の最後の
　　　　　　　　挨拶）

メール3通目

□ thank you for　熟 〜をありがとう
□ information　　名 情報
□ about　　　　　前 〜について
□ would like to V
　　　　　　　　熟 V したい
□ watch　　　　　動 観察する
□ really　　　　　副 ほんとうに
□ excited　　　　形 興奮している

DAY 7

筆記試験3　　　　（→ 182 ページ）

第1パラグラフ

□ famous　　　　形 有名な
□ be born　　　　動 生まれる
□ in　　　　　　　前 （特定の年）に
□ native　　　　　形 その土地で生まれた
□ Native American
　　　　　　　　名 アメリカ先住民
□ reservation　　名 保留地
□ like to V　　　熟 V するのが好きだ
□ outside　　　　副 外で
□ with　　　　　　前 〜といっしょに

第2パラグラフ

□ move　　　　　動 引っ越す
□ movie star　　名 映画スター
□ start V-ing　　熟 V し始める
□ ballet　　　　　名 バレエ
□ every day　　　熟 毎日
□ practice　　　　動 練習する
□ however　　　　副 しかし
□ tell 〜 to V　　熟 〜に V するように言う
□ choose　　　　動 選ぶ
□ between　　　　前 〜の間で

第3パラグラフ

□ named 〜　　　熟 〜という名前の

□ from	前 ～出身で	□ dancing	名 踊り
□ Russia	名 ロシア	□ often	副 しばしば
□ for	前 (期間) の間に	□ part	名 役
□ next	形 次の	□ performance	名 公演
□ join	動 加わる	□ travel	動 旅する
□ called ～	熟 ～という	□ around the world	

第 4 パラグラフ

		熟 世界中に	
□ dancer	名 ダンサー	□ get married	熟 結婚する
□ meet	動 会う	□ leave	動 離れる
		□ work for	熟 (会社など) で働く

DAY 8

筆記試験 2　　　(→ 202 ページ)

第 1 パラグラフ

□ celebrate	動 祝う
□ Valentine's Day	
	名 バレンタインデー
□ some	形 一部の
□ chocolate	名 チョコレート
□ gift	名 贈り物
□ show	動 示す
□ history	名 歴史
□ actually	副 実は
□ come from	熟 ～に由来する

第 2 パラグラフ

□ strong	形 強い
□ army	名 軍隊
□ get married	熟 結婚する
□ leader	名 指導者
□ be married	熟 結婚している
□ rule	名 規則
□ not ～ anymore	熟 もはや～ない
□ break	動 (規則を) 破る
□ tell	動 (人) に話す

第 3 パラグラフ

□ be afraid of	熟 ～を恐れている

□ help ～ to V	熟 ～が V するのを助ける
□ one day	名 ある日
□ find out	熟 ～を知る
□ get in trouble	熟 困ったことになる
□ jail	名 牢屋

第 4 パラグラフ

□ decide to V	熟 V しようと決める
□ kill	動 ～を殺す
□ sign	動 署名する

監修者紹介

山田広之 （やまだ・ひろゆき）

神奈川県出身。英国エディンバラ大学での交換留学を経て、国際基督教大学教養学部を卒業。英国リーズ大学大学院に進学し、社会美術史専攻で修士号を取得。2004 年よりトフルゼミナール講師として基礎英語から大学入試、TOEFL 対策までさまざまな授業を担当。監修に『TOEFL テスト速読速聴トレーニング［英検 2 級レベル］』『TOEFL テスト速読速聴トレーニング［英検準 2 級レベル］』『はじめて受ける TOEFL ITP テスト教本』『TOEFL ITP テストリーディング教本』『TOEFL ITP テストリスニング教本』『毎日ミニ模試英検 1 級』『毎日ミニ模試英検準 1 級』、共著書に『パーフェクト攻略 IELTS 総合対策』（全てテイエス企画）がある。

執筆協力：	小沢芳、谷合瑞輝、田母神理
編集協力：	高橋清貴
デザイン・DTP：	清水裕久（Pesco Paint）
DTP：	有限会社中央制作社
イラスト：	松本麻希
録音・編集：	株式会社ルーキー
ナレーター：	Howard Colefield ／ Karen Haedrich

毎日ミニ模試 英検® 3 級

発行　　　2021 年 3 月 20 日　第 1 刷

監修者　　山田広之
発行者　　山内哲夫
企画・編集　トフルゼミナール英語教育研究所
発行所　　テイエス企画株式会社
　　　　　〒 169-0075
　　　　　東京都新宿区高田馬場 1-30-5 千寿ビル 6F
　　　　　TEL　（03）3207-7590
　　　　　E-mail　books@tseminar.co.jp
　　　　　URL　https://www.tofl.jp/books
印刷・製本　図書印刷株式会社